귀족 시대

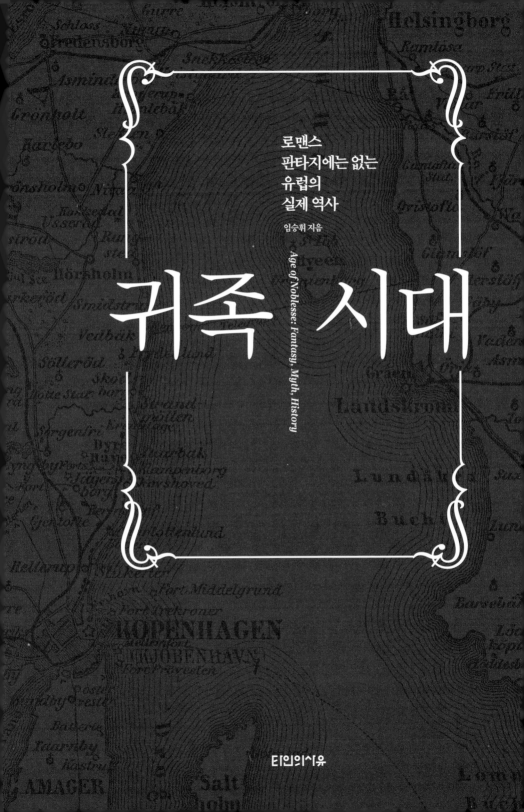

로맨스
판타지에는 없는
유럽의
실제 역사

임승휘 지음

귀족 시대

Age of Noblesse: Fantasy, Myth, History

타인의사유

귀족, 화려하지만 모호한 이름

귀한 존재가 되고 싶지 않은 사람이 있을까? 우리는 모두 누군가에게 귀한 존재다. 귀한 자식이고, 귀한 부모이고, 귀한 남편이고, 귀한 아내다. 인간은 대체로 흔한 것보다는 귀한 걸 더 선호하는 경향이 있다. 그래서 귀한 존재는 어디에나 있게 마련이다. 그런데 가족의 테두리를 넘어서 사회적으로 귀한 족속이 있다면 이야기가 좀 달라진다. 스스로 그렇다고 주장할 뿐 아니라 그렇게 인정받는 집단이 있어서 법으로건 관습으로건 태어날 때부터 귀한 족속으로 간주되는 사회적 존재와 특별한 삶의 방식이 있다면 말이다.

귀족은 단순한 귀인과는 의미가 다르다. 『우리말샘』의 귀족에 대한 정의는 다음과 같다. "가문이나 신분 따위가 좋아 정치적·사회적 특권을 가진 계층 또는 그런 사람." 사전 아래 항목으로 내려가다 보면 귀족계급에 대한 설명도 나온다. "고대 및 중세 봉건사회에서, 정치적·사회적 특권을 가진 지배층. 근대에 이르러 자유·평등 사상의 대두로 말미암아 대부분 몰락하였다." 자유·평등과 대척되는 개념인 가문, 세습, 신분, 특권을 키워드로 하는 이 사전 정의는 귀족에 대한 기본 정보를 전해주지만, 한 걸음만 살짝 더 내디뎌도 사정은 복잡해진다. 그것이 이 책을 쓰기로 한 첫 번째 이유다.

하지만 유럽 귀족의 역사를 이야기하겠다고 생각한 데는 다른 이유가 있다. 어찌 보면 자연스러운 현상일지 모르겠지만, 귀족이 더는 존재하지 않는 우리 사회에서 귀족 얘기가 심심찮게 들리기 때문이다. 다양한 매체와 플랫폼에서 소설이나 드라마의 형태로 귀족이 자주 등장한다. 한정된 공간과 시간을 배경으로 한 소설이나 드라마는 때로 흥미롭지만 막상 귀족의 실제 역사와는 대체로 동떨어지는 경우가 종종 발생한다. 이러한 작품들이 독자와 시청자의 관심을 받는 데는 역사적 이유 외에도 경제적·사회적·심리적 원인이 있겠지만, 이유가 무엇이든 민주주의 공화국을 표방하고 신분제를 인정하지 않는 우리 사회에서 귀족에 대한 노스탤지어가 강하게 표출되는 것은 주목할 만한 현상이다.

사실 귀족 개념이 우리에게 마냥 낯선 것만은 아니다. 한국 역사에서도 서양의 귀족과 비슷한 개념이 어렵지 않게 발견되기 때문이다. 출생에 따라 정해지는 사회적 지위, 즉 신분이라는 관점에서 신라시대의 성골과 진골, 조선시대의 양반 정도가 유사한 특성을 보이는 개념인 듯하다. 물론 시기와 사회질서를 만드는 원리에 따라 유럽의 귀족에게 무武가 중요했다면 조선의 양반에게는 문文이 중요했다는 차이는 있을 수 있다.

이에 더해 명문가라는 개념도 있다. 사회에서 '사회적 신분과 지위가 높고, 학술과 덕망을 지닌 집안 또는 가문'을 일컫는, 고유명사라고는 할 수 없는 일반적 의미의 말이다. 그래서 명문가, 즉 이름이 알려진 집안은 언제든, 어디에든 있을 수 있다. 오늘날 명문가는 보통 특출난 인물을 여럿 배출한 집안을 일컫지만, 신라시대 김유신 장군 집안처럼 당대 귀족도 명문가라는 이름으로 불리기도 했다. 조선시대에는 성리학을 기반으로 한 신분 질서와 학문적 성취를 바탕으로 출세와 재물을 보장하는 사회시스템이 공고해지면서 과거科擧 합격자를 많이 배출한 집안도 명문가로 여겨졌다.

성리학 대신 드러내놓고 자본력이 사회적 성취 기준으로 확립된 현대에는 다른 관점의 명문가를 인정하는 게 당연하리라. 그러다 보니 재벌가나 고위 관료를 많이 배출한 집안은 물론 예술가, 학자, 법조인 세계에서도 나름대로 명문가를 이야기한다.

귀족의 역사는 매우 긴 시간대에 걸쳐 펼쳐져 있다. 지리적 범위를 유럽으로 한정해도 고대 그리스·로마시대부터 19세기에 이르기까지 귀족의 역사는 어림잡아도 2,000년을 넘는 시간을 배경으로 한다. 그 오랜 시간 귀족이 한결같은 모습을 유지했다면 오히려 이상한 노릇이다. 소설이나 드라마는 이런 변화를 담을 필요도 없이 한정된 시기와 배경을 선택해서 나름의 고증을 거치거나 적절한 창작을 가미하면 된다. 그래서 귀족의 한순간을 생생하게 묘사할 수는 있지만, 그 역사를 종합적으로 이해하는 것을 허락하지는 않는다. 물론 철저한 고증과 창작 사이에서 어디에 균형추를 둘지는 작가의 몫이다. 하지만 이도 생각처럼 쉽지는 않아서 여기서 벗어나려고 아예 독자적인 세계관을 표방하는 판타지를 선택하기도 한다. 독자와 시청자는 이를 즐길 권리가 있지만, 여기에서 얻는 지식이 실제 역사와 다를 수 있음을 기억할 필요는 있다.

　　귀족의 매력이 문학에서만 발견되는 것은 아니다. 귀족적 라이프스타일, 이제는 관광지가 되어버린 고색창연한 성, 어딘지 의미심장해 보이는 독특한 문장紋章에 이르기까지 귀족의 매력을 북돋을 요소는 충분하다. 그래서인지 '노블'은 21세기 대한민국 여기저기에 그 흔적을 남긴다. '노블'로 시작하는 제목의 잡지들은 고가의 귀금속과 자동차와 아파트를 귀족적 라이프를 꿈꾸는 소비자에게 홍보한다. 잘 나온 상품 사진들은 이 사회에 귀족이 있다면 이런 것쯤은 소유하고 몸에 걸쳐야 하지 않겠냐고 말하는 듯하다. 그게 21세기 '노블레스 오블리주'의 기준이라는 듯이. 물론 이는 노스탤지어마저 상품화하는 상업자본주의의 얄팍한 상술이리라. 상황이 이렇다 보니 귀족이라는 말은 그 존재가 법적, 제도적으로 명시되어 보장되지 않았음에도 노스탤지어와 상업주의의 물결 속에서 손쉽게 인용되고 가벼이 소비되고 있다. 그뿐 아니라 귀족에 대해 잘못된 지식과 오해가 양산되고, 어느새 관습적 지식으로 굳어서 우리 발밑을 떠돈다.

그런데 과연 상술과 소비욕이 전부일까? '혹시 자신을 진심으로 귀족, 최소한 태생적으로 남다른 족속이라고 생각하는 인간이 존재하는 건 아닐까?' 민주주의라고 굳게 믿어 의심치 않는 현재 정치제도에 많은 한계와 문제가 노출되면서 작금의 대한민국이 민주주의가 아닌 대의제의 탈을 쓴 과두정寡頭政 또는 대의제 귀족정貴族政쯤으로 변화하고 있는 건 아닌지 의문스럽다면 신경과민일까? 노파심이길 바란다.

이 책은 대단한 테제를 던지는 논쟁서도 아니고 강의용 교재와도 거리가 멀다. 단순히 귀족과 그 역사의 단면들 그리고 그것에 매력을 느낀다면 그 연유가 무엇인지 묻고 알아가는 책이다. 간혹 콩깍지가 씌어 왜곡될 수 있는 지식과 그 때문에 쌓인 오해의 전통을 한 번쯤 바로잡아 보려는 이 시도가 독자의 역사적 상상력을 더 풍부하게 해주는 계기가 되기를 바랄 뿐이다. 그래서 책의 전체 구성을 뒤집어 보았다.

처음 방문하는 식당에서 메뉴판을 들여다보게 되듯이, 먼저 서양의 귀족 세계를 키워드로 접근해 보았다. '챕터 1'에서는 혈통의 신화부터 결투, 기사도, 노블레스 오블리주를 거쳐 에티켓과 귀족 가문의 문장에 이르기까지 귀족과 관련한 다양한 이야기에서 독자가 한 번쯤 접해보았을 비교적 익숙한 개념으로 귀족 세계를 편하게 기웃거릴 수 있을 것이다. '챕터 2'에서는 귀족의 가족, 결혼, 자녀 교육, 식탁 같은 일상적인 삶의 모습을 재구성해 보았다. 그들 역시 사람인지라 사람 사는 모습을 들여다보는 것만큼 흥미로운 게 또 없기 때문이다. '챕터 3'에서는 자의든 타의든 역사에 이름을 남긴 귀족 몇 명을 불러내서 이야기를 들어보려 했다.

　눈치 빠른 독자는 목차에서 이상한 점을 발견했을지도 모르지만, 이론적이고 전문 역사가다운 이야기를 마지막 '챕터 4'에 배치했다. 귀족에 대한 역사학적인 개념 정의, 귀족이 되는 방법과 작위의 구조, 귀족이 하는 일과 귀족들 사이의 고유한 사회적 관계를 정리했다. 애초에는 맨 앞자리를 차지했지만 독자에게 책을 펼치자마자 멀미를 느끼게 하는 게 왠지 예의가 아닐 것 같았다. 십수 년 전만 해도 생각하지 못했을 구성인데, 그만큼 서양사에 진입하는 장벽을 낮추고 싶었다고 할까, 아니면 독자와 호흡을 좀 더 길게 하고 싶었다고 할까.

· 차례 ·

Chapter 3 •——————————————————————————————

역사에 이름을 남긴 귀족들

Chapter 4 •——————————————————————————————

낯설고 신기한 귀족의 세계

키워드로 읽는
귀족 문화

'재미있는 귀족 사전'을 지향하는 이 책의 성격에 걸맞게 우리가 귀족을 상상할 때 연상되는 몇 가지 키워드를 골라보았다. 여기서 궁금해하는 키워드를 못 찾는다면 필자의 상상력이 부족하거나 인간관계가 좁기 때문일 것이다.

나름대로 엄선한 9개 키워드는 '블루 블러드', '결투', '기사도', '노블레스 오블리주', '무도회와 애프터눈 티', '그랜드 투어', '예절과 에티켓', '요새와 성', '가문을 상징하는 문장'이다. 사실 이 키워드만으로도 우리는 서양의 귀족에 대해 유용한 정보를 꽤 많이 수집할 수 있을 뿐 아니라 귀족의 삶과 문화에 대한 오해를 풀고 이해를 넓힐 수 있다.

1

블루 블러드

『적과 흑Le Rouge et le Noir』의 저자 스탕달은 이탈리아를 여행하던 중 '베아트리체 첸치Beatrice Cenci'라는 한 소녀의 초상화를 보고 그만 정신을 잃고 쓰러졌다. '스탕달 신드롬'이 시작된 순간이다. 그가 남긴 이탈리아 여행기『로마, 나폴리, 피렌체』에는 실신 스토리 말고도 다른 흥미로운 에피소드가 많은데, 그중에는 이런 구절이 있다. "이짐바르디는 내게 이곳 귀족 부인들이 콧소리를 내며 말하기를 좋아한다고 알려주었다…. 그러다가 나는 한 여성이 옆에 있던 부인에게 괴상한 질문을 하는 것을 듣고는 박장대소했다. '그녀는 푸른 피를 갖고 있나요?'" 이는 '그녀'가 진짜 귀족인지를 묻는 질문이다. 언제부터인지 귀족에게는 푸른 피라는 수식어가 따라붙었다. 푸른 피의 신화는 꽤 오랜 기간 그리고 많은 곳에서 보편화되었다.

귀족의 피는 푸른색인가? 당연히 그럴 일은 없다. 인간뿐 아니라 지구상 모든 생명체의 피는 다 붉다. 다행스럽게도(또는 실망스럽게도) 귀족의 피도 절대 푸르지 않다. 혈액을 구성하는 철분과 헤모글로빈 때문에 인간의 눈은 피를 붉은색으로 인식한다. 만일 진짜 푸른 피가 있다면 이는 질병(메트헤모글로빈혈증, 청색증)일 가능성이 높으므로 병원에 가보길 권한다.

왜 유럽에서는 귀족이 '블루 블러드blue blood'로 일컬어졌고, 이것이 오늘날까지도 곧잘 이야깃거리로 등장해서 인간의 상상력을 자극할까? 결론부터 말하면 블루 블러드는 푸른 피가 아니라 피부 위로 내비치는 푸른색 혈관, 즉 정맥을 의미한다. 물론 정맥을 흐르는 혈액도 실제로는 파란색이 아니다. 다만 피부에 빛을 비출 때 빛이 굴절되는 방식 때문에 파란색을 띤 것처럼 보일 때가 있다. 이는 정맥의 혈액이 동맥의 혈액보다 산소를 적게 함유하고 있기 때문이라고 한다. 따라서 이것은 역사의 영역이 아니라 과학의 영역이다. 결론적으로 블루 블러드에 대한 온갖 이야기는 단순한 오해에 불과하다. 하지만 오해는 오해를 부르는 법이어서 오해가 켜켜이 쌓이다 보면 제법 탄탄한 이야기가 될 때가 있다.

✦ 블루 블러드 신화의 탄생

블루 블러드의 신화는 중세 스페인의 '상그레 아술^{sangre azul}'에서 유래했다. 1811년 영국에서 출판된 한 문건에 따르면, 발렌시아의 귀족은 그들 사회를 푸른 혈통, 붉은 혈통, 노란 혈통 세 부류로 구분했는데, 그중 첫 번째인 푸른 혈통은 귀족 가문에 국한되었다. 이들은 자신들의 창백한 피부를 강조하며 타 인종과 피가 섞인 적이 없음을 자랑했다. 다른 인종은 대표적으로 이 시기 이베리아반도에 살던 무어인을 지칭한다. 무어인은 711년 이후 이베리아반도로 진출한 아랍계와 베르베르족 이슬람교도를 부르는 이름으로 '마우레인' 또는 '모르인'이라고도 한다. 스페인만이 아니라 북아프리카에 살던 무슬림도 무어인이었는데, 피부색이 상대적으로 더 진했다.[1] 카스티야의 오랜 귀족 가문들은 자신의 가문이 무어인이나 유대인과 섞인 적이 없음을 강조했는데, 의도적으로 무어인 거주지와 멀리 떨어져 살았고, 피가 순수하다는 표시로 하얀 팔에 드러난 푸른 혈관, 바꿔 말하면 혈관을 더 두드러지게 해주는 창백한 피부를 중요하게 여겼다. 즉 블루 블러드는 이방인과 섞이지 않은 귀족 가문의 순수 혈통을 나타내는 표식이 되었다.

1391년 스페인 남부에서 대규모 유대인 학살과 박해가 벌어졌다. 박해를 피하려고 많은 유대인이 개종을 선택했지만, 그렇다고 처우가 크게 달라진 것은 아니었다. 급기야 이들은 1437년 교황에게 조상이 유대인이라는 이유로 당하는 차별을 멈추게 해달라고 요청했지만 별 소용이 없었다. 1492년에는 대규모 유대인 추방 조치가 내려졌다. 1492년은 콜럼버스가 신대륙을 발견한 해로, 이 발견에 흥분한 스페인 사람들은 자신이 히브리인을 대신할 새로운 선민이 되었다는 생각에 사로잡혔다. 1556년 국왕 펠리페 2세는 순수 혈통의 원칙을 선포하고 개종자들의 대학 진학과 관직 진출을 금지했다. "신과 인간에게 모독죄를 저지른 유대인은 고귀함과 존엄함을 상실했다. 그리스도를 팔아넘긴 이들의 더러운 피가 자손에게 유전되었으므로 모든 직책과 지위에서 배제됨이 마땅하다. 조상의 비열함은 자손대대로 사라지지 않고 남을 것이다."

지금과 달리 스페인의 황금시대라고 불리는 16~17세기에 스페인은 이른바 순수 혈통에 대한 강박관념에 사로잡혀 있었다. 지배층은 신앙의 통일과 다름을 단호히 거부해 국민적 통일을 이룰 수 있다고 믿었다. 결국 유대인과 무어인이 가장 손쉬운 타깃이 되었다. 이후 더 추방할 유대인이 없어지자 '콘베르소conversos' 또는 '마라노marranos'라고 불린 개종자까지 탄압했다. 세례의 성수도 유대인의 원초적 결함을 제거할 수는 없었다. 학자들까지 나서서 "국왕이 귀족으로 서임했더라도 얼룩이 사라지는 것은 아니다. 더러운 얼룩은 정액을 통해 퍼지며 뼛속 깊이 각인된다. 이는 불변의 자연법칙이다"라고 주장했다. 스페인 사회는 조금씩 마비되었다. 순수한 혈통의 기준을 완화해야 한다는 주장이 제기되었지만, 스페인의 순혈주의는 19세기까지 엄격하게 지켜지면서 불순한 혈통, 다른 민족에 대한 혐오를 낳았다. 창백한 피부와 블루 블러드의 신화는 바로 이러한 사회 분위기에서 만들어졌다.

✦ 피부색으로 신분을 구별하다

한편 푸른 피는 사회적 신분을 구별하는 장치로도 기능했다. 어두운 피부색은 열등한 신분의 표식이었다. 전통 사회에서 검게 그을린 피부는 대체로 야외 노동, 예를 들어 농사나 밭일이 주는 훈장이다. 즉 야외 노동을 하지 않는 이들만이 그나마 흰 피부색을 유지할 수 있었을 테니, 창백한 피부는 땡볕에서 고된 노동을 하며 피부가 그을릴 수밖에 없던 농민과 구별되는 귀족의 사회적 표식으로 여겨졌다.[2]

구혼에 나선 귀족 남성은 상대 여성 가문의 순수 혈통을 칭찬하는 대신 푸른색 핏줄이 드러나 보이는 창백한 피부를 칭송하며 구애했으리라. "좋은 혈통은 거짓말을 하지 않는 법이니까." 귀족 여성들의 초상화를 그렸던 화가들도 종종 이를 표현해 초상화 주문자를 만족시켰다. 화가들이 귀족 여성의 초상화를 그리면서 창백한 피부와 푸른색 혈관을 강조하기 시작한 것이다. 그래서 귀족 부인의 초상화에는 피부색을 극적으로 대비하려고 무어인 여성을 함께 그렸다.

그렇다면 의문이 든다. 화이트스킨이라고 해도 되었을 텐데, 왜 굳이 피부 아래 혈관 속을 흐르는 피를 강조하며 블루 블러드라는 말이 유행하게 되었을까? '창백한 피부'보다는 '블루 블러드'가 훨씬 그럴싸해 보여서?

피레네산맥을 넘어 프랑스로 가보자. 프랑스에서 귀족의 피는 스페인 귀족의 푸른 피와 그 내용이 약간 다르다. 스페인에서 불순한 피는 유대인과 무어인의 피였지만 프랑스에서 그것은 부르주아 또는 그즈음 신분이 상승한 신흥귀족의 피였다. 부르주아와 법복귀족[3]의 흥기에 직면한 전통 귀족은 이들 돈 많은 신참내기(아마 근본도 없는 것들이라고 생각했을 것이다)와 자신을 구별하려고 혈통과 가문의 신화에서 도피처를 찾았다.

1629년 7월 5일 파리 고등법원은 귀족 집안의 여식 마들렌 드 푸아시Madeleine de Poissy 사건을 심리했다. 부친의 명에 따라 수녀원에 갇혀 지내던 마들렌은 수녀원을 탈출해서 한 약제사와 사랑의 도피 행각을 벌이다 체포되었다. 분노한 아버지는 딸의 모든 권리를 박탈했다. 부친의 변호사는 재판에서 의뢰인이 느낀 분노를 열변으로 대신했다. "마들렌은 이 결혼으로 가문의 명예를 더럽혔습니다. 자신의 출생을 잊고 그저 욕정에 눈이 멀어 신분이 비천한 남자와 어울리지 않는 결혼에 동의했습니다. 그녀의 자식들은 훌륭한 나무에 접붙인 앙상한 가지가 될 것입니다."

이 난폭한 변론은 이 시기 결혼이 가문의 명예가 걸린 문제였

피에르 미냐르, 〈찰스 2세의 정부 루이즈 드 케루알〉, 1682

조슈아 레이놀즈, 〈레이디 엘리자베스 케펠〉, 1761

을 뿐 아니라 문자 그대로 혈통 문제였다는 점을 보여준다. 프랑스에서 가문의 개념은 1480년대에 등장해서 1530년부터 널리 확산되었는데, 가문은 신체적·도덕적 특징이 피로 세습되는 특별한 종으로 여겨졌다. 즉 귀족의 출생은 피에 각인된 고결한 미덕의 씨앗을 다음 세대로 전달하는 과정이었던 셈이다. 물론 씨앗이 자라나 열매를 맺으려면 교육으로 다듬어져야 했지만, 이런 조건이 충족되더라도 씨앗이 더럽혀지면 결코 좋은 열매가 나올 수 없다. 프랑스에서 귀족 가문의 출생은 '깨끗한 피'의 재생산을 의미했고, 가문과 혈통에 대한 강조는 '비천한' 평민들에 대한 무시와 거부감의 표출이기도 했다.

✦ 부르주아의 성장과 귀족 가문의 변화

16세기부터 귀족은 자신들의 사회적 지위가 조금씩 침식되고 있음을 자각했다. 사회적으로 상업의 비중이 커지면서 귀족과 부르주아의 경제적 차이도 줄어들었다. 유구한 귀족 가문들은 상인 부르주아지와 섞이거나, 신분의 차별성을 강조하거나 둘 중 하나를 선택했다. 후자를 선택하는 경우, 귀족의 미덕과 그런 미덕의 세습을 보장하는 혈통의 순수성이 강조되었다. 1614년 전국신분제회의에 나선 한 귀족은 이렇게 역설했다. "귀족의 자격이란 혈통의 고귀함이다. 우리 선조들은 수 세기 동안 무시무시한 전투에 피를 흘리기를 마다하지 않았는가." 귀족의 자격은 귀족의 우생학적 우수성을 한 세대에서 다음 세대로 전달해 주는 혈통에 있다는 얘기다.

귀족의 순혈 개념에 '게르만족의 신화'도 추가되었다. 16세기 전후로 프랑스 귀족사회에서는 프랑크족의 신화가 확산되었는데, 이에 따르면 귀족은 골Gaulle(오늘날 프랑스의 옛 지명) 지방을 정복한 프랑크족의 후손이며, 평민은 원주민인 골족gaulois의 후손이었다. 1560년 로슈포르Rochefort 백작은 프랑크족 전사의 순수한 혈통을 지키려면 잘못된 혼인을 막고 새로운 귀족 서임을 중단해야 한다고 주장했다. 부르주아와 법복귀족의 세력이 커지자 구귀족은 프랑크족의 정복 신화라는 새로운 무기를 꺼내든 셈인데, 1614년 프랑스에서 열린 전국 신분제회의에서 벌어진 가문 논쟁은 바로 이러한 맥락에 따른 것이었다.

19세기 이후 영국을 제외하고 대부분 유럽 대륙 국가에서 귀족은 사라지거나 그 존재가 미미해졌다. 일부 끈질기게 그 명맥을 유지하려 한 가문들이 없었던 것은 아니지만 대세를 거스를 수는 없었다. 귀족의 사회적 지위와 역할이 줄어들면서 혈통이나 블루 블러드의 신화 역시 차츰 설 자리를 잃어 블루 블러드는 그야말로 신화의 세계에 속하는 이야기가 되었다. 근대 이후에 발달한 교육학 역시 타고난 출생이나 과학적으로 검증되지 않은 혈통의 힘보다는 후천적 노력과 환경을 강조했다. 자본주의 사회가 확립되면서 귀족을 물리치고 새로운 사회의 주인공이 된 부르주아지는 블루 블러드의 신화를

'하늘은 스스로 돕는 자를 돕는다'는 자수성가의 신화로 대체했다.

물론 육체노동의 부산물인 거칠고 짙은 색 피부와 대조를 이루는 곱고 하얀 피부는 자신이 속한 계급을 간접적으로 보여주는 장치로 계속 남을 수 있었다. 여전히 사람들은 스톤블랙보다는 스노 화이트를 선호했다. 하지만 세상의 변화는 멈추지 않아서 한때는 부와 사회적 지위의 상징이었던 복부 비만도 이제는 자기관리를 못 하는 게으른 인간의 표식으로 여겨지는 시대가 아닌가. 눈처럼 하얀 피부는 이제 더는 절대적 미의 기준이 아니다. 일부러 태닝을 하는 사람도 있고, 애써 깨끗한 몸에 문신을 즐기는 사람도 있다. 모든 것은 변화했고, 변화하고 있으며, 계속 변화할 것이다.

2

결투[4]

개인이 당한 피해를 공권력에 기대지 않고 스스로 해결할 수 있을까? 오늘날 그런 상황이 벌어진다면 이유가 옳으냐 그르냐를 떠나 일단 경찰서로 끌려가기 십상이다. 경우에 따라서는 조사받은 후 처벌될 수도 있다. 그래서 대개는 경찰에 신고하거나 변호사를 찾아간다. 하지만 계획적이건 우발적이건 귀족이 칼을 뽑아 들고 시비를 가렸던 결투, 즉 칼싸움은 전근대에 흔히 목격할 수 있는 장면이었다.

결투duel라는 단어는 라틴어 듀엘럼duellum에서 유래했다. 'duellum'은 둘을 의미하는 듀오duo에서 파생했다. 잘 알려진 이야기지만 중세에 결투는 재판방식의 하나였다. 분쟁이 일어나서 타협점을 찾지 못하면 싸워서 이기는 사람이 옳다는 훌륭한 논리에 따라 칼싸움을 벌였다. 신이 부정한 자의 편에 서지는 않을 것이라고 생각했기 때문일 테지만 글쎄, 그럴까? 이러한 재판은 서서히 사라졌지만 결투는 귀족들 사이에서, 나중에는 귀족이 아닌 사람들 사이에서도 그 명맥을 굳세게 이어나갔다.

✦ 귀족들은 왜 결투를 했을까

귀족의 결투 관행은 17세기가 되자 절정에 달했다. 고까운 눈빛 하나에도 결투를 신청하는 장갑이 날아다녔다. "뭘 꼬나봐? 방과 후 옥상에서 보자" 하는 식이다.

결투가 벌어진다고 해서 반드시 한쪽이 치명상을 입는 것은 아니어서 화해도 가능했고, 가벼운 상처로 끝나는 경우도 많았다. 예를 들어 1631년에 벌어진 샤를 드 레비Charles de Levis와 몽테스팡 공작의 결투는 각자 팔과 얼굴에 작은 상처를 입는 것으로 마무리되었다. 이탈리아에서는 몇 합을 겨룬 후 서로 만족하며 끝나는 다소 시시한 무혈 결투 사례도 종종 발견된다.

결투에서 상처를 입더라도 귀족의 명예가 손상되는 것은 아니었지만, 결투를 회피하는 것은 문제가 달랐다. 1672년 볼로냐에서는 에밀리오 말베치Emilio Malvezzi와 주세페 말바시아Giuseppe Malvasia가 사소한 일로 시비가 붙어 결투를 벌였다. 그런데 경험 많은 말바시아에게 몰린 말베치가 그만 등을 돌리고 달아나 성당으로 피신했다. 말바시아는 말베치를 겁쟁이라고 부르며 당장 나오라고 소리쳤지만 소용이 없었다. 그로부터 약 한 달 뒤, 말베치는 자신의 명예를 회복하려고 말바시아에게 다시 결투를 요청했다. 목격자들은 두 사람이 용감하게 싸웠고, 명예 회복에 만족하며 상대방 손등에 입을 맞춘 뒤 함께 미사를 드리러 갔다고 증언했다.

프랑스 귀족들은 이 분야에서 독보적 지위를 차지한다. 젊은 귀족들은 이탈리아로 검술 유학을 떠났지만, 막상 이탈리아에서는 결투가 그리 많이 벌어지지 않았던 것으로 보인다. 이탈리아 귀족들 사이에는 대검을 이용한 결투보다 단검을 이용한 계획된 살인, 즉 암살이 더 유행했다. 그래서인지 외출할 때면 하인들의 호위를 받는 게 관행이 되었다. 반면 프랑스에서 결투는 사회적 관행으로 확립되어, 한 역사가에 따르면 1589년부터 1610년까지, 즉 앙리 4세 통치 기간에만 해마다 귀족 350여 명이 결투를 벌이다 생을 마감했다.

소설이다 보니 다소 과장된 측면이 있겠지만, 알렉상드르 뒤마의 『삼총사Les Trois Mousquetaires』를 펼쳐보자. 문학사상 가장 유명한 역사소설이자 모험담으로 평가받는 이 소설이 1844년에 나왔으니 소설의 배경인 17세기 초반에서 100년이 지난 뒤에 쓰인 셈이다. 따라서 뒤마의 삼총사를 귀족 전성기의 전형적인 산증인으로 보기에는 무리가 있다. 하지만 작가가 드라마적 재미를 위해 일부러 왜곡했다손 치더라도 『삼총사』는 공상과학소설이나 판타지 문학 범주에 속하지 않는다. 예를 들어 다르타냥도 트레빌도 완전히 가상의 인물이 아니며,[5] 나름대로 고증을 따른 역사소설로 결투에 대한 귀족의 심리 상태를 엿보기에는 훌륭한 자료다. 먼저 다르타냥의 부친이 파리로 길 떠나는 아들에게 전하는 당부를 들어보자.

> 오늘날 귀족이 출세하려면 용기가 있어야 한다. 알겠느냐. 오로지 용기만이 필요할 뿐이다. 한순간이라도 두려움에 몸을 떠는 사람은 모처럼 찾아온 행운을 놓쳐버리고 말 것이다. 너는 젊다. 그리고 두 가지 근거로 보아 틀림없이 용감할 것이다. 첫째는 네가 가스코뉴 사람이라는 것이고, 둘째는 내 아들이라는 것이다. 싸움을 두려워하지 말고 스스로 모험을 찾아라. (…중략…) 때를 가리지 말고 용감하게 싸워라. 결투가 금지되어 있기에 감히 싸우려면 두 배의 용기가 필요하니, 그만큼 더 혼신의 힘을 다해야 한다.[6]

그리고 부친은 행복하게 오래오래 살라고 당부한다. 어딘지 앞뒤가 맞지 않지만 그렇다 치고 넘어가자. 부친은 아들에게 멘토도 소개해 준다.

> 트레빌 씨가 처음으로 파리에 올라가는 길에 다섯 번이나 결투를 하셨

다. 선왕이 돌아가시고 나서 어린 왕(루이 13세-필자)이 성인이 될 때까지 트레빌 씨가 칼로 싸운 것은 일곱 번이었다. 전투나 포위 공격은 빼놓고서도 말이다. 그리고 왕이 성인이 되신 이래 그분은 오늘날까지 아마도 백 번은 싸웠을 것이다! (…중략…) 그분을 잘 본받도록 하여라.[7]

부친이 소개한 멘토의 뒤를 좇아 출세의 길에 나선 다르타냥은 결투 금지령 따위는 철저히 무시한 채 이곳저곳에서 닥치는 대로 싸움을 벌인다. 아토스, 포르토스, 아라미스 그리고 다르타냥이 벌이는 결투라는 범법 활동에 환호한다면, 아마도 이는 준법정신에 길들여진 우리가 이 활극에서 일탈과 해방의 카타르시스를 느끼기 때문인지도 모른다.

흔히 결투를 1:1 대결이라고 상상하지만 이는 틀린 생각이다. 결투에는 나름의 규범이 존재해서 모욕이나 비방에 대해 한쪽이 다른 한쪽에게 무력으로 이를 보상할 것을 요구하면서 결투가 성사된다. 이때 결투 당사자는 증인을 대동하는데, 증인들은 정해진 규범이 준수되는지를 감시하거나 사상자를 수습하려고 온 게 아니라 같이 싸우러 왔다. 17세기의 결투는 말이 결투이지 실상은 작은 전투를 방불케 했다.

✦ 결투의 역사와 금지령 반포

결투의 역사를 돌아보자. 지금까지 알려진 가장 오래된 결투는 카이사르가 언급했던 고대 게르만 부족의 결투재판, 즉 일종의 신명재판이다. 결투재판은 적대적인 두 당사자 사이의 전투 결과에 따라 판결이 내려지는 일종의 재판이었다.[8] 사실 이보다 깔끔한 판결은 없다. 싸움에서 이긴 자는 무죄이고 진 자는 유죄가 되었다. 승패는 신이 내린 결정이었으므로 번복할 수 없었다. 국왕도 사면령을 내릴 수 있을 뿐 재판 결과를 뒤집을 수는 없었다. 복잡한 현대사회에서 살다 보면 가끔 이런 유의 재판이 필요하다는 유혹에 빠질 때가 있다.

프랑스에서는 9세기부터 결투가 남용되지 않도록 여러 조치를 시행했다. 국왕의 사법기구가 발전하면서 결투재판이 설 자리도 점차 줄어들었다. 특히 왕명으로 벌어지는 재판 형식의 합법적 결투는 사라졌다. 그렇다고 귀족의 결투 욕구가 증발한 것은 아니다. 결투는 여전히 계속되었다. 귀족들은 대체로 왕의 명령에 크게 신경 쓰지 않았다. 그래서 말도 안 되는 이유로, 심지어는 적당한 구실을 만들어 결투를 벌였다. 국왕의 금지령에도 결투는 버젓이 이루어졌고, 용감하게 싸우고 떳떳하게 살아남은 자들은 명예를 얻었다. 도덕군자들은 결투가 전염성 높은 사회 질병이라고 비난했지만, 피 끓는 귀족 젊은이들은 전염병에 쉽게 감염되었다. 귀족 출신 성직자도 결투를 벌이고, 이를 자랑스레 떠벌리고 다녔다. 많은 귀족이 결투로 사망하자 왕들은 결투 관행을 종식해야 할 필요성을 느꼈지만, 왕도 따지고 보면 같은 귀족이었으므로 대체로 결투사들에게 관대했다.

하지만 17세기, 이른바 절대왕정 시대에 이르러 국가의 사법과 행정기구가 강화되면서 상황이 달라졌다. 국왕이 왕국의 사법권과 군사력을 장악하자 자기 문제를 자기가 알아서 해결하는 방식인 결투는 공권력에 대한 도전 또는 국가권력에 대한 도발행위를 의미하게 되었다. 반면 귀족에게 그것은 사라져가는 고유한 권리, 즉 자기 문제를 스스로 해결할 권리의 상실을 의미했다. 오랜 역사와 혈통 그리고 자신과 가문의 명예를 무엇보다 소중히 여긴 귀족들은 자유를 숭배했다. 물론 여기서 자유는 귀족의 특권일 뿐 현대 민주주의 원리와는 아무런 관계가 없다.

상황이 이렇다 보니 싸우지 않는 귀족은 심한 조롱거리가 될 수 있었다. 자신이 속한 집단에서 따돌림당하고 평판을 잃는 것만큼 무서운 것은 없다. 그러다 보니 울며 겨자먹기로 결투에 나서는 귀족들도 있었다. 17세기의 한 작가는 이들을 동정하며 세태를 비난했다. "얼마나 많은 사람이 빌어먹을 관습과 그것을 따를 수밖에 없는 자기 신세를 한탄하며 결투에 참가했는가!"

오랜 기간에 걸쳐 셀 수 없을 만큼 결투금지령이 반포되었지만 별로 효력은 없었던 모양이다. 절대왕정 시대에도 결투금지령이 당장은 귀족들에게 별다른 구속력을 갖지는 못했던 것으로 보인다. 예컨대 1643년부터 1711년까지 루이 14세는 최소한 11개 결투금지령을 반포했지만, 결투는 쉽게 사라지지 않았다. 인간을 길들이기는 강아지를 길들이기보다 확실히 더 어렵다.

17세기의 가장 유명한 결투사를 꼽으라면 부트빌 백작 프랑수아 드 몽모랑시Francois de Montmorency, comte de Bouteville(1600~1627)가 단연 으뜸이다. 전투에서 혁혁한 공을 세운 부트빌은 칼싸움의 귀재로 두려움과 동시에 존경의 대상이었다. 그는 24세에 벌써 교회 계율과 국왕 칙령을 무시한 채 결투를 19번이나 치렀다. 그는 반항과 저항의 상징이 되었지만 집안 배경과 명망 그리고 군사적 업적으로 별다른 처벌을 받지 않았다. 하지만 20번째 결투를 치른 후에는 브뤼셀로 도피했다. 루이 13세는 그가 다시는 파리와 왕궁에 모습을 드러내지 않는다는 조건으로 그에 대한 기소를 취하해 주었다. 하지만 국왕의 처사에 불만을 품은 고집불통 부트빌은 또 다른 결투를 하러 파리로 돌아왔고, 1627년 5월 12일 국왕광장place Royale(현재 보주광장)에서 공개적으로 결투를 벌였다. 이 결투에서 상대측 증인이 사망하자 부트빌은 도망쳤지만 곧 붙잡혀 바스티유에 수감되었고, 일가친척의 간청과 탄원에도 결국 교수형에 처해졌다. 일종의 본보기였을 것이다. 그의 결투 행각은 통치권력을 강화하려는 국왕에게는 공권력에 대한 도전이었지만, 귀족에게는 잃어가는 자신들의 권리, 즉 자기 문제를 스스로 해결할 권리와 힘에 대한 향수의 표현이었다.

✦ 멈출 수 없는 결투의 매력

그런데 결투가 재미있다 보니 귀족의 제도적 토대가 사라졌는데도 결투는 없어지지 않았다. 싸움의 본능인지 독립성에 대한 본능인지 모르겠지만 주먹이 법보다 앞서는 경우는 심심치 않게 발견된다.

19세기에는 결투의 열기가 상한가를 쳤다. 러시아의 시인 푸시킨, 프랑스의 국민작가 빅토르 위고, 문예비평가 생트 뵈브Sainte-Beuve, 『삼총사』의 저자 알렉상드르 뒤마 그리고 대서양 건너편에서는 『톰 소여의 모험The Adventures of Tom Sawyer』을 쓴 마크 트웨인, 미국 7대 대통령 앤드루 잭슨도 결투의 유혹에서 벗어나지 못했다. 푸시킨은 아내가 프랑스 귀족과 바람이 났다는 소문을 듣고 결투를 벌였다가 하체에 치명상을 입고 이틀 뒤에 사망했다. 빅토르 위고는 1821년 7월 베르사유궁의 경비병과 결투를 벌였다. 알려진 바로는 문제의 경비병이 위고가 손에 들고 있는 서류를 잡아챘기 때문이라는데, 진짜 이유는 알 수 없다. 이 결투에서 위고는 한 팔에 가벼운 부상을 입었다. 생트 뵈브는 폴 프랑수아 뒤부아와 1830년 9월 20일 권총 결투를 벌여 서로 두 발씩 교환했다. 이날은 비가 내렸는데, 생트 뵈브는 한 손에 우산을 든 채 결투에 임했다. 전해지는 얘기에 따르면, 그는 결투로 죽는 건 상관없지만 비에 젖고 싶지는 않다고 말했다고 한다. 알렉상드르 뒤마는 자신의 작품 『넬의 탑La Tour de Nesle』의 저작권 문제로 동료였던 프레더릭 가야르데와 1832년 권총 결투를 벌였다. 1826년부터 1834년 사이에만 프랑스에서 200명 이상이 결투로 사망했다.

1892년 12월 23일 벌어진 정치가 조르주 클레망소Georges Clemenceau와 정적 폴 데룰레드Paul Deroulede의 결투에는 경찰들이 출동했지만, 이들을 제지하기 위해서가 아니라 결투를 구경하러 온 군중을 통제하기 위해서였다. 참고로 두 사람은 25미터 거리를 두고 모두 여섯 발을 교환했지만, 희

클레망소와 데룰레드 간의 결투를 묘사한 장면

한하게 아무도 다치지 않았다. 고성을 지르며 난리를 피우는 요즘 정치인들을 보면 가끔 "결투가 차라리 깨끗할 것도 같은데…"라고 중얼거리게 된다.

3

기사도

결투에 나서는 귀족들에게서 관찰되는 최소한의 공통 규범이 있다면 그것은 기사도다. 기사도는 12세기 무렵 형성되었다. 그 이전까지 유럽의 귀족 계층을 충원한 기사들은 이웃과 전쟁을 벌이거나 힘없고 방어력이 부족한 약자들을 노략질하는 데 대부분 시간을 허비하는 폭력배와 비슷했다.

하지만 지역 간 전투가 줄어들고 교회 또한 기사들의 무분별한 폭력행위를 범죄시하면서 폭력성은 점차 누그러졌고, 귀족들도 평안한 삶에 익숙해졌다. 물론 기사의 전투본능이 완전히 사라진 것은 아니어서 기사도는 실제 전투로 표출되지 못하는 전투 정신의 무의식적 대용물로 발달했다.

✦ 기사도에서 '말'이 중요한 이유

기사도는 말 그대로 말을 타는 기사의 정신을 뜻한다. 기사는 말을 타고 전장에 나서서 무기를 휘둘렀다. 전장을 찾지 못하면 마상창시합에 참여했다. 마상창시합은 말을 타고 벌이는 일종의 모의전투였다. 처음에는 몹시 거칠었지만 나중에는 정교한 규칙을 갖춘 일종의 스포츠가 되었다.

말 이야기부터 해보자. 말과 기사는 떼려야 뗄 수 없는 사이다. 기사가 사회를 지배했으니, 그들이 타고 다니는 말 역시 특별한 짐승으로 여겨졌다. 13세기 말 전문가인 요르다누스 루푸스Jordanus Rufus(1200~1256)에 따르면 "말보다 더 고귀한 짐승은 없다. 군주와 대공 그리고 기사는 말로 평민과 구별되기 때문이다"라고 했다. 그래서 말은 말 그대로 사회적 식별 장치였다.

동양에서도 말은 귀한 짐승이었다. 『삼국지』의 여포 하면 가장 먼저 떠오르는 게 바로 적토마 아닌가. 미겔 데 세르반테스의 소설 『돈키호테』에서 주인공 돈키호테에게 로시난테가 있듯이 말이다. 유럽의 귀족들은 말에 열광했다. 특히 영국 귀족들이 말에 광적으로 집착했는데, 이는 단순히 승마만을 위해서가 아니었다. 중세에 마상 창시합이 유행했다면 19세기의 영국에서는 더비라고 알려진 경마대회가 유행했다. 닭싸움을 즐기던 발리섬 원주민들이 자기 닭을 애지중지했듯이, 영국 귀족들은 좋은 말을 길러서 더비에 내보내 우승하는 것을 생애 최대의 기쁨으로 여겼다. 자유당 출신으로서 수상으로 있던 1894년에 더비에서 우승한 아치볼드 프림로즈 5대 로즈베리 백작이 받은 축전이 유명하다. 'Only heaven left!(이제 다 이루셨네요!)'이런 의미랄까?

최고 품종을 고르고 골라 금이야 옥이야 길러 번식시키고, 멋진 마구간을 짓고, 전문가를 고용하여 훈련하는 것은 돈 많은 귀족만이 할 수 있는 일이다. 억 소리를 여러 번 내야 하는 고급 스포츠카를 몰고 다니며 하차감을 즐기는 걸로는 이 시기 영국 귀족들의 말 사랑에 견주기 힘들 정도다. 당시 귀족들은 자동차를 튜닝하듯이 말과 마차를 치장하는 데 열과 성을 다했고, 이러한 수요에 부응해 마구나 마차 장식을 만들어 팔던 회사들도 함께 성장했다.

✦　기사도의 사회적 기능

다시 기사도 이야기로 돌아가자. 12세기 중반부터 유럽의 왕과 귀족은 기사도로 알려진 기사의 행동규범을 신봉하고 장려했다.

이들에게는 용감하고 충성스러울 뿐 아니라 가난한 사람에게 관대하고 신실할 것, 부당한 이익이나 비열한 재물을 멀리할 것 등이 기대되었다. 그런데 어떻게 이런 귀찮은 도덕규범이 뿌리를 내릴 수 있었을까? 여러 이유가 있겠지만, 일단 기사와 귀족에게 기사도 같은 게 필요하지 않았다면, 기사도는 성립할 수 없었을 것이다. 한 사회집단의 독특한 규범이나 생활방식, 우리식으로 말하면 법도는 그것이 상식적이건 아니건 매력적인 이데올로기가 될 수 있다. 유럽에서 기사도는 기사를 다른 사회집단과 구별하게 해주는 또 다른 장치로 기능했다. 특히 중세 후기에 이르러 재력이나 권력 면에서 귀족과 경쟁하기 시작한 상인이나 전문직 종사자 또는 부유한 자유농이 등장하자 기사도의 기능은 한층 더 분명해졌다.

전통적으로 귀족은 자신이 대대로 귀족이라는 사실을 강조했다. 하지만 사회적 유동성이 커지자 상황이 달라졌다. 귀족적인 삶을 영위한 많은 가문은 실제로는 자랑스러운 선조를 두지 못했다. 반면에 그런 조상을 둔 유서 깊은 가문들은 귀족적 생활방식을 영위할 만한 재력이 없는 경우가 많았다. 그래서 귀족이란 무엇인가 하는 일종의 정체성 문제가 제기되었다. 귀족의 성립 근거는 무엇인가? 출생과 더불어 부여받은 고귀한 지위인가, 아니면 개인적 성취의 결과물인가? 이게 출생에 따른 생물학적 요인(아직 생물학이 생기기 전이지만)이 더 중요하다는 이야기가 되어야 하는데, 오히려 기사도는 귀족의 혈통 안에 그러한 미덕이 면면히 흘러서 귀족인 부모 아래에서 태어난 자식들에게서 용기와 명예심을 소중히 하는 자질이 가장 잘 발현된다는 논리를 만드는 도구가 되었다. 피에 대한 인간의 강박관념은 정말 대단하다.

결국 기사의 몸가짐과 가치관으로 시작된 기사도는 13세기 말에 이르러 귀족(또는 귀족이 되기를 열망하는 사람)과 비귀족을 구별하는 계급 이데올로기로 작동했다. 이러한 사회적 구분은 기사가 기사도를 독점적으로 과시하는 공간인 전장에서 가장 뚜렷하게 드러났다. 기사도에 따라 기사는 상대측 기사에게 정중한 태도를 표했고, 포로로 잡을 경우, 죽이기보다는 몸값(관용)을 받아야 했고, 몸값을 지불하겠노라는 포로의 말(맹세)을 신뢰해야 했다. 물론 이러한 절제와 유보는 평민 출신 병사에게는 적용되지 않았다. 기사도적 전쟁 규범에 따르면 귀족은 비귀족을 원하는 대로 살육할 수 있었다. 귀족이 아니라면 몸값을 받으려고 포로로 잡아둘 의무가 없었기 때문이다. 몸값을 낼 수도 없었을 테니 말이다.

✛ 전사로서 용맹함을 증명하라

전투에서 과시되는 용맹함은 귀족만이 누릴 수 있는 기사도의 핵심이었다. 전사의 위업은 귀족이 꿈꿀 수 있는 최고의 신분증명서였다. 16세기 프랑스에 장 드 메르지라는 귀족 소년이 있었다. 그는

14세에 처음 전투에 참가했는데 전투 중 부르고뉴 출신의 병사를 망치로 죽였지만 그만 무기를 잃어버리고 말았다. 그래서 무기를 잃어버린 것에 대해 스승에게서 회초리 맞을 일을 걱정했다. 적군의 칼보다 회초리가 더 무섭다니 잘 이해되지 않지만, 소년의 걱정과 달리 그의 스승은 기즈Guise 공작 앞에서 제자의 용맹을 칭찬했다. 젊은 귀족의 군사적 조숙함은 전통사회의 특징적 현상이었다. 프랑스 극시인 코르네유의 시구대로 "용맹함을 위해서는 여러 해가 걸리지 않았다."

유럽 사회에서 귀족은 오랫동안 싸우는 자 그러니까 직업란에 전사로 기재했고, 용맹과 자기희생을 가장 숭고한 덕목으로 여겼다. 이 덕목을 가장 화려하게 과시할 수 있는 장소가 다름 아닌 전장이었는데, 그들의 용기는 가능하다면 전사 중의 전사이자 주군 중의 주군인 국왕이 보는 앞에서 발휘되는 것이 가장 좋았다.

『프랑스왕조사』를 쓴 미셸 드 마롤Michel de Marolles은 1654년 젊은 루이 14세가 지켜보는 가운데 벌어진 전투 중 날아든 포탄에 한 팔을 잃은 병사가 자신이 국왕을 위해 싸우다 팔을 잃었음을 자랑하려고 떨어져 나간 팔을 곧바로 주워들고 국왕에게 달려가서 보고했던 이야기를 매우 상징적인 사례로 소개했다. 마롤과 동시대인인 보쉬에는 『성경의 말씀에 입각한 정치』에서 명예로운 죽음을 다음과 같이 설교했다.

용감한 죽음이 승리보다 더 영광스러울 때가 있습니다. 영광이야말로 전쟁의 지주입니다. 조국을 위해 죽을 줄 아는 자들은 적들의 간담을 서늘케 할 명예로운 이름을 남기게 되며, 이로써 그들은 살아서보다 더 조국에 이로운 일을 하게 됩니다.

그렇다면 전사로서 용맹함을 어떻게 입증할까? 전장에서는 그렇다 치자. 비전투 시기에는? 유튜브나 인스타그램이 존재하지 않았던 시기에 과연 무엇이 전사의 용맹함을 증명해 주었을까? 가장 효과적인 것은 전장에서 입은 상처였다. 상이용사는 사회적 동정의 대상이 아니라 동경의 대상이었다. 대중이 쉽게 잘 볼 수 있는 곳에 상처를 입은 자들은 행복에 겨웠다. 기즈 공 프랑수아 드 로렌François de Lorraine, duc de Guise[9]과 그의 아들 앙리는 모두 이런 축에 속했다. 그들은 바로 안면에 칼자국을 지녔다. 블레즈 드 몽뤼크Blaise de Monluc[10] 역시 전투 중 잃어버린 코를 가리려고 가죽으로 만든 마스크를 썼고, 프랑수아 드 라 누François de La Noue[11]는 강철로 만든 의수를 자랑스레 휘젓고 다녔다. 의복에 가려지는 상처들은 운이 없는 편이었다. 귀족을 참칭하려는 자들 때문에 기분이 형편없어진 몽뤼크는 보이지 않는 상처를 지닌 운 없는 동료들을 위해 다음과 같이 제안했다. "다 같이 옷을 벗어서 몸에 상처가 있는지 확인해보자고. 그럼 누가 영광의 상처를 갖고 있는지, 아니면 상처 하나 없이 깨끗한지 알 수 있지 않겠나."[12]

✦ 궁정식 사랑과 귀족 문화의 변화

기사도와 관련된 흥미로운 라이프스타일로 궁정식 사랑이 있다. 궁정식 사랑은 나름 세련된 사랑으로 왕과 귀족이 사는 궁정에나 어울리는 것이었다. 그러나 궁정식 사랑은 귀족 여성(세련된 사랑의 대상으로 적절한 예법과 언어, 영웅적 행동으로 사랑을 얻을 수 있다)과 농민 여성(궁정 예절을 베풀 가치가 없는 대상이다)을 확연히 구별했다. 귀족 여성은 구애의 대상이었지만, 농민 여성은 귀족 남성의 욕망에 따라 강제로 소유할 수 있었다.

궁정식 사랑은 여성에 대한 남성의 태도에 얼마나 영향을 미쳤을까? 이 질문은 두 가지 이유에서 논란거리다. 하나는 궁정식 사랑과 관련된 자료 대부분이 문학작품이라는 사실이다. 문학이 과거 삶을 얼마나 정확히 반영했는지에는 의견이 분분할 수밖에 없다. 또 하나는 여성을 구애 대상으로 설정하는 것 자체가 여성의 선택을 구속하는 또 다른 방식으로도 볼 수 있기 때문이다. 하지만 여성, 정확히는 귀족 여성에 대한 태도에 적어도 문학에서만큼은 변화가 있었다는 점이 확실하다. 12세기 이전까지만 해도 여성은 문학에서 철저히 무시되었지만, 12세기 중반에 들어 귀족 여성은 서정시인과 로망스 작가를 통해 숭배의 대상이 되었다.

궁정식 사랑을 다룬 문학은 이상주의적이고 인위적인 면도 있지만, 과거에 비해 상층계급 여성에게 정중한 태도를 유지하게 된 귀족 문화의 변화를 보여준다. 12~13세기에 왕가의 여성은 남편이나 아들이 유고되면 국가를 통치하기도 했다. 우라카 여왕은 1109년부터 1126년 사망할 때까지 레온-카스티야 연합왕국을 통치했다. 헨리 2세의 왕비인 아키텐의 엘레아노르(1122~1204)는 아들 리처드 1세(사자심왕)가 1190년부터 1194년까지 십자군에 참전한 동안 잉글랜드 정치에서 핵심적 역할을 수행했다. 강철 같은 의지를 지닌 카스티야의 블랑슈(1188~1252)는 13세기에 두 차례에 걸쳐 프랑스를 다스렸다. 한 번은 아들 루이 9세가 어렸을 때였고, 또 한 번은 아들이 십자군에 참전했을 때였다.

물론 왕비가 일반 여성은 아니지만, 상류계급 여성의 지위는 대체로 많이 향상되었다. 그와 같은 사정을 보여주는 가장 상징적인 예로 체스 게임을 들 수 있다. 12세기 이전까지 체스 게임은 이슬람 세계에서만 행해졌는데 오늘날 여왕에 상응하는 말은 왕의 신하인 남성이었고 한 번에 한 칸씩만 대각선으로 움직일 수 있었다. 하지만 유럽에서 이 말은 여왕으로 바뀌었고, 중세가 끝나기 전에 여왕은 장기판 모든 곳으로 움직이기 시작했다.

4

노블레스 오블리주

노블레스 오블리주Noblesse Oblige는 프랑스어 문장으로 '고귀함 또는 귀족'을 의미하는 'noblesse'와 '강제하다, 의무를 지우다'라는 뜻의 동사 'obliger'가 결합한 문장이다. 직역하면 '귀족에게는 의무가 따른다', 의역하면 '귀족이라면 마땅히 그래야 한다' 정도의 의미가 될 것이다.

노블레스 오블리주를 제대로 보여주는 시기적으로 비교적 가까운 사례가 있다. 19세기 영국 귀족 자제들의 전형적인 교육기관 중 이튼스쿨이 있다. 이튼 학생들의 기숙사 방에는 〈플로레이트 이

엘리자베스 톰슨, 〈이튼이여, 일어나라!〉, 1882

토나Floreat Etona)라는 제목의 그림이 걸려 있었다. 의역하면 '이튼이여, 일어나라!'라는 의미다. 1882년 엘리자베스 톰슨Elizabeth Thompson이 그린 이 그림은 1881년 보어전쟁의 한 전투(렝스넥 전투)를 묘사했다. 말 위에서 돌진하는 인물은 이튼 출신인 로버트 해먼드 엘위스Robert Hamond Elwes 대위다. 고지를 점령한 보어군의 집중 사격으로 영국군이 고전을 면치 못하는 절망적인 상황에서 엘위스 대위는 용감하게 선봉에 서서 돌격했다. 이때 이튼 동창인 몽크가 눈에 띄었고, 그는 "가자, 몽크여. 이튼이여, 일어나라!"라고 외쳤다. 엘위스는 돌격 중 전사했는데, 이때 그의 나이는 25세였다. 몽크가 살아남아 이 이야기를 전했고 여류화가 엘리자베스 톰슨이 대위의 용기를 캔버스 위에 그렸다. 치밀한 전략·전술보다 군인의 용맹함이 더 중요시된 대영제국의 군대 전통과 노블레스 오블리주의 정신이 그림에 녹아 있는 셈이다. 온갖 방법을 동원해서라도 입대를 피하려는 대한민국의 상류층 집안이 있다면 썩 좋아할 이야기는 아닐 것 같다.[13]

✛ 영국 귀족의 노블레스 오블리주

오늘날 퍼져 있는 노블레스 오블리주의 이미지는 서유럽 귀족의 역사적 실재와 다소 거리가 있다. 특히 자선이나 시혜의 미덕쯤으로 이해한다면 더욱 그렇다. 노블레스 오블리주는 귀족의 의무와 책임의식을 의미하는데, 때로는 어쩔 수 없이 능력이 안 되어도 동료 귀족들의 시선이 두려워서 자기 의사와 관계없이 수행해야 하는 의무와 책임을 뜻하기 때문이다. 전장에서 누구보다 용감하게 싸울 것, 두려워도 결투에 나설 것, 당장 가족의 끼니를 걱정할 처지라고 해도 구걸하는 빈민을 모른 척하지 말 것. 이 모든 것이 노블레스 오블리주였다. 동료들이 그렇게 하니까 나도 어쩔 수 없이 따라야 한다는 태도가 노블레스 오블리주다. 값비싼 가발을 쓰고 재정적 능력과 무관하게 최신 유행으로 의복을 갖춰 입는 것도 노블레스 오블리주였다.

영국 귀족에게 노블레스 오블리주는 우선 소유하고 있는 저택과 토지를 관리하는 것, 그곳에 사는 사람들과 이웃 주민들의 삶을 지키는 것 그리고 저택과 토지를 온전히 다음 세대에 물려주는 것을 의미했다. 그들은 자신을 소유자가 아니라 관리자로 여기기도 했다. 동네 주민들이 좀 더 가까운 길로 다닐 수 있도록 자기 토지에 들어오는 것을 허가하는 통행권을 발급하고 토지와 저택을 1년에 몇 번씩 공개하는 것도 노블레스 오블리주였다.

19세기 영국 귀족사회에 대한 놀라운 관찰자였던 제인 오스틴의 소설『오만과 편견Pride and Prejudice』을 펼쳐보자. 다아시는 대지주이자 상당한 재산을 가지고 있지만 귀족은 아니다. 하지만 그가 저택을 장식하고 시종들을 관리하는 모습은 노블레스 오블리주의 일면을 보여준다. 여주인공 엘리자베스는 다아시의 저택을 방문했을 때 그곳의 실내장식과 품격 있는 가구들을 보고 감탄한다. 하지만 그녀가 가장 감동한 것은 가정부의 말이다. "이 세상에 지주로서도 주인으로서도 그분만큼 훌륭한 분은 없을 겁니다. 자기만 알고 날뛰는 요즘 젊은이들 같지 않아요. 소작인과 하인들 가운데 주인 나리를 칭찬하지 않는 사람은 한 명도 없답니다. 어떤 사람들은 오만하다고 하는데, 저는 그런 모습은 전혀 보지 못했어요."[14]

엘리자베스가 다아시를 다시 보게 된 것은 저택의 실내장식과 가구에 반영된 주인의 품격 그리고 지주로서 다아시의 노블레스 오블리주를 확인했기 때문이다.

애거사 크리스티의 『침니스의 비밀Secret Of Chimneys』(1925)은 국제적 음모와 스파이가 얽힌 추리소설이다. 소설에는 가공의 귀족 저택이 나오는데 침니스의 주인인 제9대 케이터럼 후작은 차남이라서 원래 상속자가 아니었지만, 형이 먼저 죽으면서 작위와 저택을 물려받았다. 하지만 이 상속은 그의 인생에 크나큰 불행을 몰고 왔다(그래도 차남으로 평생을 사는 것보다는 낫지 않았을까?). 선대 케이터럼 경은 외무장관이면서 정치적 영향력이 큰 인물이어서 저택에서는 주말 모임이 끊이지 않았고, 영국과 유럽의 저명인사들이 드나들었다. 문제는 제9대 케이터럼 후작이 사교도 싫어하고 정치에도 흥미가 없는 인물이었다는 점이다. 그럼에도 후작은 저택을 사교와 대화 장소로 계속 제공했는데, 이는 모두 노블레스 오블리주 때문이었다.

✦ 프랑스 귀족의 노블레스 오블리주

'노블레스 오블리주'라는 표현은 언제 등장했을까? 이 표현은 19세기 초 프랑스 정치가이자 작가인 레비스 공작Pierre-Marc-Gaston, duc de Lévis(1764~1830)이 『도덕과 정치와 관한 격언과 성찰』이라는 책에서 처음 쓴 것으로 알려져 있다. 그는 귀족이라는 이름을 가지고 있는 자들의 도덕적 의무를 일깨우기 위해 노블레스 오블리주를 강조했다. "그대가 고귀한 가문의 후손이라면, 사람들은 그대의 자식들에게서 부모의 미덕의 흔적을 발견하기를 기대한다. 그대는 이 점을 자식들에게 가르쳐야 한다. 귀족이라면 마땅히 그러해야 한다."[15]

문장 자체는 이때가 처음일지 모르지만, 이러한 사유까지 새로운 것은 아니었다. 1665년 『동 쥐앙』이란 작품에서 몰리에르는 이렇게 이야기했다. "아니지, 아니고말고. 미덕이 없다면 출생은 아무것도 아니라네." 몰리에르가 이야기하는 귀족의 미덕이란 전사의 용기일 수도, 도덕적 품행일 수도 있었다. 하지만 이러한 추상적인 노블레스 오블리주의 이상을 구현하기 위한 구체적이고 가시적인 삶의 모습은 어떠했을까?

프랑스대혁명 이전에 프랑스의 귀족 가문은 대략 2만 5천 개, 14만 명을 넘지 않았다. 전체 인구로 치자면 0.5퍼센트 정도일 것이다. 이 중 갓 귀족 세계에 진입한 한 법복귀족의 삶을 들여다보자. 피에르 뱅상 보튀는 18세기 중반 도피네Dauphiné 지방에 살던 신참 귀족이다. 그의 가문은 담배와 소금 교역으로 제법 큰 돈을 벌었고, 이를 바탕으로 관직을 매입하여 고위 귀족은 아니더라도 어쨌든 귀족으로 신분 상승에 성공했다.

지방의 재정을 담당한 '하급' 귀족의 삶은 어땠을까? 먼저 그는 자신의 신분에 걸맞은 주거를 위해 프랑스 남동부 발랑스^{Valence}의 고급 주택 지구에 거처를 마련하고 매년 수입의 15퍼센트에 해당하는 월세를 부담했다. 여기에 자식들의 교육비로 수입의 10퍼센트를 투자했다. 이 모든 것은 귀족사회에 갓 편입한 부르주아 출신이 뒤처지지 않기 위해 한 노력의 일환이었다. 그는 아내에게도 매년 일정 금액을 지급했고, 하인들에게 급여도 지불해야 했다. 1781년 아내가 사망하면서 하인의 수가 늘어났기에 이 비용도 따라서 증가했다. 보튀는 총 세 명의 하인을 두었는데, 이는 당시 하급 귀족들이 고용한 하인의 수를 상회했다. 집안의 재력 덕분에 그의 재정 형편은 지방의 가난한 대검귀족들보다 훨씬 나았다. 피에르 뱅상 보튀의 지출 내역에서 자선과 기부를 빼놓을 수는 없다. 노블레스 오블리주의 정신은 귀족에게 관대함을 요구했다. 새해 선물로, 또는 가난한 자들을 위한 자선 행위로 그는 매년 일정 금액을 지출해야 했다. 여기에 교회에 대한 종교적 지출도 포함되었다.

'귀족이라면 마땅히 그러해야 한다'는 의무는 다분히 가시적으로 입증되는 덕목이었고, 특히 프랑스 귀족들은 자신의 외면을 가꾸는 일에 게으를 수 없었다. 특히 보튀는 자신이 이룬 최근의 신분 상승을 숨기기 위해 자신의 외양을 꾸미는 일에 더 신경을 썼다. 실제로 이러한 노력이 얼마나 성공적이었는지 알 수는 없지만, 그는 매년 상당한 금액을 최고급 의복을 맞추는 데 투자했다. 여기에는 자식들의 의복을 맞추는 비용도 포함되었다. 이를 위해 보튀는 고용인을 시켜 대도시인 리옹에서 옷감을 구입했다. 물론 이 과정에서 종종 귀족에 어울리지는 않는 행태를 보이기도 한다. 사업가 집안 출신인지라 보튀는 매번 가격을 흥정했던 것이다. 보튀는 특히 옷감의 색깔에 주의했다. 당시 옷의 색상은 사회적 신분과 집단의 동의어로 여겨졌다. 예를 들어 검은색과 흰색은 전통적으로 고등법원의 색깔이었다. 차츰 금색과 은색, 파란색과 초록색이 귀족들에게 인기를 끌었는데, 보튀는 그중에서도 파란색을 즐겨 입었다. 추운 겨울에 파란색 벨벳으로 치장한 보튀는 눈에 띌 수밖에 없었다.

그 외에도 구두와 가발, 단추와 액세서리 등 피에르 뱅상 보튀가 자신의 새로운 신분을 드러내기 위해 매년 지불한 금액은 대략 30리브르 이상을 지출했다. 이는 당시 숙련노동자의 한 달치 봉급을 넘는 금액이었다. 물론 이 의상비에 화장품값은 포함되지 않았다.

신규 귀족이 감당해야 할 노블레스 오블리주의 삶이 이렇다면, 그보다 사회적으로 더 우월하다고 간주된 귀족들의 삶의 양태는 더하면 더했지 결코 못하지 않았다. 예컨대 지방의 고등법원의 법복 귀족들이나 큰 영지를 보유한 귀족들은 관대함, 손님에 대한 환대뿐 아니라 과학 클럽이나 살롱과 같은 문화 활동, 그리고 정기적인 연회의 개최 등 사치스러운 생활이 요구되었다. 귀족이라는 신분을 유지하기 위해서는 그만큼의 대가가 필요했던 셈이다.

✦ 노블레스 오블리주의 현대적 의미

"문화예술에 관심이 있는 사람이라면 메세나Mecenat라는 말을 들어보았을 것이다. 예술·문화·과학에 대한 기업이나 부유층의 후원을 뜻하는 '메세나'는 경제발전과 규모가 문화예술에 관심을 기울일 정도로 생계문제가 해결된 나라에서 나타난다. 미국·일본·유럽 등에서는 오래전부터 기업 이윤을 사회에 환원하고 기업 이미지를 제고하려고 메세나 협의회를 조직해 각종 문화예술 활동을 지원해 왔다." 어느 잡지에서 이런 글을 보았는데 말미에 노블레스 오블리주를 언급했다. 귀족보다 수명이 긴 노블레스 오블리주는 이제 높은 사회경제적 지위에 상응하는 도덕의식과 기부 정신, 기득권층의 솔선하는 희생정신과 같은 근사한 태도를 의미하는 것으로 변화한 듯 보인다.

개인과 기업의 '노블레스 오블리주'에 환상을 가질 필요는 없다. "더 부자 되세요"가 당당한 구호인 자본주의 사회가 아닌가. 무한한 이윤추구를 목표로 하는 기업의 노블레스 오블리주를 순수하게 받아들이는 건 순진한 소녀가 백마 탄 왕자를 기다리는 것과 비슷해 보인다. 그럼에도 누군가에게는 그저 양심의 위로 정도에 지나지 않는 수준일지라도 노블레스 오블리주가 좀 더 강력한 미덕이 되길 바란다. 주변의 시선이 따가워서라도 어쩔 수 없이 실천할 수밖에 없는 윤리가 되는 것도 나쁘지는 않다.

5

| 무도회와 애프터눈 티 |

영국 상류사회에서 뉴욕 사교계까지

19세기 영국을 배경으로 한 드라마 〈브리저튼〉은 브리저튼 가문의 8남매가 각 권의 주인공으로 나오는 줄리아 퀸의 소설 『브리저튼 시리즈』를 원작으로 했다. 워낙 각색이 많이 된 탓에 19세기의 실제 모습이 드라마에 제대로 고증되지는 않았지만, 그럼에도 드라마의 화려한 비주얼은 영국의 상류사회, 귀족들의 일상과 사랑을 흥미롭게 보여준다.

✦ 상류사회의 확립과 섭정 시대

사회를 위아래로 구분하는 상류사회 개념은 어디에나 있게 마련이지만, 이것이 하나의 고유명사로 확립된 것은 19세기 영국, 정확히는 원작 소설의 배경인 '섭정 시대'이다. 섭정 시대는 공식적으로 1811년부터 1820년까지, 그러니까 정신질환으로 쓰러진 조지 3세를 대신하여 조지 4세가 왕자일 때 섭정이 되어 영국을 통치한 시기를 지칭하지만, 일반적으로는 1795년부터 조지 4세가 타계한 1837년까지를 의미한다.[16]

이 시기에 영국은 프랑스대혁명과 나폴레옹 전쟁의 영향 아래 있었지만, 철도와 공장의 출현과 같은 산업혁명이 진전을 이루었다. 문화적으로도 융성해서 낭만주의가 꽃피었고, 많은 예술가가 쏟아져 나왔다. 제인 오스틴, 윌리엄 블레이크, 바이런 경, 존 컨스터블, 존 키츠, 존 내시, 앤 래드클리프, 월터 스콧, 메리 셸리, 윌리엄 워즈워스 같은 걸출한 인물들이 모두 이 시대에 활동했다. 또한 섭정 시대는 독특한 패션과 건축양식으로도 유명하다. 섭정 조지 4세는 예술과 건축의 후원자였는데, 브라이트 파빌리온, 칼튼하우스의 건축과 개조를 주도했다. 여기에는 상당한 비용이 들어서 섭정의 지나친 사치가 비난의 대상이 되었을 정도다.

섭정 시대의 영국은 정치권력과 사회적 영향력이 지주 계급에 집중된 계층화된 사회였다. 교양과 문화의 시대로 기억되지만 이는 부유한 소수 귀족, 특히 섭정 주변의 사교계 인사들에 국한된 이야기이고, 대부분이었던 빈곤한 도시 거주민들은 슬럼가를 이루어 살았다. 이 시기에 영국 귀족사회는 숭배 문화를 이끌어낼 만큼 충분히 눈에 띄었다. 특히 귀족의 옷차림이 눈에 띄었다. 귀족들은 패션에 집착했고, 프랑스대혁명에 경악했지만 여전히 프렌치 스타일을 추종했다. 그리하여 화려함을 조금 덜어내고 기능성을 강화한 이른바 섭정 시대 스타일이 만들어졌다. 『브리저튼』은 이 스타일을 다채로운 색감과 다양한 원단으로 현대화하긴 했지만 당시의 유행, 즉 여성의 가슴 바로 아래에 허리선이 위치하는 엠파이어 스타일을 그대로 보여준다. 특히 흰색은 순수함과 부를 상징한다고 해서 인기가 높았다. 흰 빨래는 품이 많이 들어가는 노동이었으므로 귀족에게나 어울리는 색깔로 여겨졌다. 남성은 잘 재단된 재킷, 양복 조끼, 바지, 칼라가 달린 리넨 셔츠를 입었고 넥타이를 맸다. 프랑스식 짧은 바지 퀼로트는 긴 바지로 대체되었고, 부츠 안에 넣어 이중 버튼 플라이로 장식했다.

✦ 귀족 사교생활의 중심지 런던

귀족들에게 런던은 사교생활의 중심이었다. 잘 차려입은 귀족들은 '사교 시즌'에 맞춰 런던으로 몰려들었다. 사교 시즌은 영국의

1870년 『하퍼스 바자』 잡지에 실린 런던 사교 시즌의 도래를 풍자한 만평

귀족과 지주들이 무도회, 만찬 또는 자선행사를 개최하는 기간으로, 의회 회기와 시기적으로 일치해서 크리스마스 직후에 시작되어 초여름까지 이어졌다. 이 기간에 귀족들은 시골 저택을 떠나 런던으로 올라와 수개월 동안 다른 귀족들과 교분을 쌓고 정치에 참여했다. 런던에서 사교 시즌이 형성된 시기는 17~18세기이지만 형태가 갖춰진 때는 19세기다. 런던에 저택을 소유한 유력 가문이 주최하는 행사에

는 엄격하게 선정된 손님만 초대되었다.

결혼 적령기에 이른 귀족 자제들에게 사교 시즌은 사교계에 데뷔하는 무대였다. 사교계에 첫발을 내딛는 귀족의 딸들, 즉 데뷔 탕트는 왕실 접견 행사나 왕비의 무도회에서 공식적으로 소개되었다.[17] 일주일에 두 개 이상의 무도회에 참석하는 것은 드문 일이 아니었는데, 무도회는 춤을 추는 곳이라기보다는 결혼 시장에 가까웠다. 상류사회는 일종의 족내혼을 기대했기에 엄선된 초대 명단이 작성되었다. 좋은 결혼은 혼인 당사자만이 아니라 일가친척에게도 새로운 기회와 미래를 제공했기에 그럴듯한 가문의 잘생긴 후계자나 미모의 여성이 소개될 때마다 판돈이 올라갔다. 따라서 매주 화요일 밤과 토요일 밤에 오페라를 감상하고 일주일에 한 번 극장에 가는 것 외에 한 시즌 동안 68개 무도회에 출근 도장을 찍은 공작부인을 만나기가 어려운 일이 아니었다.

시장이 열리는 장터이니만큼 분위기 메이커도 등장했다. 사교계 명사 또는 사교계의 여왕에 해당하는 이들은 유력한 가문의 배경을 등에 업고 인맥을 동원해 모임을 주도했다. 18~19세기에 활약한 사교계의 여왕 중에는 런던데리 후작부인Marchioness of Londonderry, 플레스 공주 데이지Daisy, Princess of Pless, 웨미스Wemyss 백작부인처럼 왕실의 친인척이거나 개인적 친분이 있던 인물도 있었지만, 왕이나 귀족의 애인도 있었다. 이들에게 사교계의 여왕이라는 타이틀은 단순한 즐거움을 넘어 생존 수단이자 의무이기도 했다.

사교계를 비꼬는 만평

사교계 데뷔를 준비하는 젊은 귀족 여성들은 당연히 몸치장에
신경을 썼다. 헤어스타일과 화장법 그리고 의상은 초미의 관심사였
고, 재력을 어느 정도 갖춘 중산층은 유행을 따랐다. 그 결과 상류사
회는 가십의 소비 대상이 되었다. 1811년 증기기관을 적용한 인쇄기
가 발명되고 신문사가 이 기술을 채택하면서 정보의 전달 속도가 비
약적으로 빨라지고 비용도 저렴해졌다. 가십은 글을 읽을 줄 아는 사
람들의 일상 오락거리가 되었다.

영국 상류사회의 사교 문화가 다소 과격한 형태로 활짝 핀 곳
은 영국의 식민지였던 미국이다. 이 신생국가는 왕국도 아니고 귀족

도 없었지만 식민모국에 문화적 열등감을 느꼈다. 19세기에 크게 성공한 미국의 부호들, 특히 뉴욕의 부호들은 이른바 어퍼클래스를 구성해 영국 귀족사회와 사교 문화를 동경하고 흉내 냈다.

　　미국에서 사교계 명사를 지칭하는 영어 단어 '소셜라이트socialite'가 처음 등장한 때는 1909년이고, 1920년대에 『타임』에 의해 널리 퍼졌다. 가장 유명한 소셜라이트는 캐롤라인 애스터 부인이다. 그녀는 메이미 피시Mamie Fish, 알바 벨몬트Alva Belmont와 함께 19세기 후반 뉴욕에서 인플루언서로 활약했다. 애스터 부인은 뉴욕 사교계의 인사 400명의 명부를 만들었으며, 이후 출생, 성장, 교육, 재력을 토대로 상류사회 명부가 여럿 작성되었다. 1886년 루이스 켈러Louis Keller는 아예 『사교계 명부Social Register』를 출간해서 판매했다.

✦　영국 귀족 문화의 상징 '애프터눈 티'

　　영국 귀족사회에서 사교는 무도회와 만찬에 국한되지 않았다. 한 공작부인의 허기에서 시작된 애프터눈 티Afternoon Tea는 무도회와 다른 방식으로 영국 귀족 문화를 상징하는 특징적 관행이 되었다. 이 시기 영국인들은 통상 하루 두 끼를 먹었는데, 조금 이른 점심이 있었고, 저녁 8시경에 저녁식사를 했다. 그래서 오후 4시쯤 되면 다들 허기가 졌다.

안나 러셀, 베드퍼드 공작부인

'애프터눈 티'를 즐기는 여성들을 그린 데이비드 콤바 애덤슨의 〈오후 다섯 시의 차〉, 1884

베드퍼드Bedford 가문의 7대 공작부인 안나 마리아 러셀은 1840년 오후의 허기 문제를 해결하려고 차와 케이크 또는 샌드위치(제4대 샌드위치 백작의 발명품이다)를 준비해 달라고 요청했다. 그리고 자신의 거처인 우번 애비에 친구들을 초대했다. 오후 4~5시경 배에서 꼬르륵 소리가 난 사람이 베드퍼드 공작부인만은 아니었기에, 다른 귀족 부인들도 애프터눈 티를 따라 하기 시작했다. 이제 애프터눈 티는 영국 귀족사회의 공식 일과가 되었고 절차도 정교해졌다. 모임 규모는 커지고 티를 나누는 장소도 내실에서 응접실과 정원으로 옮겨갔다.

오늘날 애프터눈 티는 이제 귀족의 전유물이 아니다. 런던의 고급 호텔이나 길거리 카페에서도 관광객들은 어렵지 않게 애프터눈 티를 경험할 수 있다. 런던 포틀랜드광장에 있는 랭햄호텔에서는 1865년부터 애프터눈 티를 팔았다. 19세기 자본주의 사회는 귀족 문화를 상품화하는 데 주저하지 않았고, 애프터눈 티는 평등한 민주주의 사회에서 누구나 즐길 수 있는 관습이 되었다.

그랜드 투어

그랜드 투어는 16세기부터 19세기까지 유럽 귀족사회에서 관습처럼 확립된 교육용 여행을 뜻한다. 쉽게 말해서 교육을 빙자한 여행 또는 여행을 빙자한 교육이라고 할 수 있다. 오늘날에도 여행을 견문을 넓히는 시간으로 여겨 공부의 연장으로 보기도 하는데, 그런 점에서 그랜드 투어는 견문을 넓히는 여행의 효시인 셈이다. 앞에서 살펴보았듯이 프랑스의 젊은 귀족들은 검술이나 마술을 익히려고 이탈리아를 자주 여행했다. 하지만 귀족 청년의 '정규' 교육과정으로 여행이 유행한 것은 주로 18세기 중엽 영국에서였다. 영국의 귀족 청년들은 대체로 스무 살이 되어 자신이 받아온 교육에 마침표를 찍을 때 가정교사와 함께 그랜드 투어를 떠났다.

✦ 영국에서 유행한 그랜드 투어

그랜드 투어가 영국에서 유행한 것은 이 섬나라가 예술과 학문 등 문화적 측면에서 아무래도 주변국이었기 때문이다. 그래서 귀족 자제들은 국내에서 그리스와 라틴 고전, 이탈리아와 프랑스의 역사와 사상을 교육받은 후 자신이 읽은 고전이 탄생한 지역을 여행함으로써 책으로 배운 지식에 생기를 불어넣으려 했다. 요즘 식으로 말하면 좀 거창한 체험학습쯤으로 이해하면 된다. 영국 역사가 에드워드 기번에 따르면 "관습에 따라, 어쩌면 합리적인 이유도 있겠지만, 해외여행은 잉글랜드의 신사 교육을 완성했다."[18]

조녀선 리처드슨과 그의 아들이 쓴『이탈리아의 조각, 저부조, 회화 이야기』(1722)와 같은 대중적인 안내서가 그랜드 투어의 대중화에 기여했다. 그랜드 투어의 유행과 함께 여행기도 인기를 끌었다. 윌리엄 토머스 벡퍼드, 윌리엄 콕스, 해밀턴 공작의 가정교사였던 존 무어, 새뮤얼 잭슨 프랫, 아서 영에 이르기까지 여행 문학은 하나의 장르로 자리 잡았다. 이러한 여행기는 여행을 준비하는 이들이나 떠나지 못한 이들에게 큰 매력을 발산했다. 18세기의 귀족들은 자신이 여행에서 얻은 경험과 깨달음을 꼼꼼히 기록하는 경향을 강하게 보여주었다. 여행기를 남기는 이유는 일종의 사명감 때문이다. 여행을 떠날 수 없는 가여운 이들을 위해 그랜드 투어에서 얻은 인간의 본성에 대한 깨달음을 공유하는 것만큼 훌륭한 선물이 어디 있단 말인가.

옥스퍼드 사전을 보면, 그랜드 투어라는 용어를 처음 사용한 사람은 리처드 라셀스Richard Lassels(c. 1603~1668)라는 인물이다. 그는 귀족 자제들의 가정교사로서 이탈리아를 여러 번 여행하고 그 경험을 바탕으로 『이탈리아 여행기The Voyage of Italy』(1670)를 집필했다. 서문에서 라셀은 그랜드 투어의 의미를 이렇게 설명했다.

> 여행은 귀족 젊은이들이 부모에게 의존하는 것을 막고, 어머니에게 지나친 애정을 느낄 위험성을 예방해 준다. 젊은이는 여행에서 건전한 고행을 경험한다. 불편한 마루에서 쉬고, 낯선 사람들과 대화하며, 동트기 전에 시작해서 날이 저물도록 여행을 계속한다. 어떤 말이나 날씨도 견디며 온갖 음식과 음료를 소화하는 법을 가르친다.[19]

'어머니에게 지나치게 애정을 느낄 위험성'에 대한 지적은 흥미롭다. '마마보이'를 경계하는 정서, 그러니까 사내놈은 어려서부터 내놓고 키워야 한다는 어디서 많이 들어본 견해와 비슷하다. 하지만 라셀이 제시하는 이유는 다분히 영국적이다.

여행으로 귀족 젊은이들은 지나친 자신감과 프라이드를 네 단계 정도 낮출 수 있다…. 이들은 영지의 끝이 세상의 끝이라고 생각하기 쉽다. 여행 중 수많은 사람을 만나고 드넓은 대륙을 탐험한 젊은 귀족들은 훨씬 겸손해져서 돌아오기 마련이다. 자신보다 지위가 낮은 사람에게 예의 바르게 행동하고, 자기가 최고라는 공허한 자만심에 부풀어 오르는 일이 없다.[20]

그랜드 투어를 마친 젊은 귀족들은 조국의 발전에도 기여할 것이다. "오랜 시간 여행을 한 젊은 귀족들은 훌륭한 사상의 세례를 받아 혜안을 얻는다. 그리고 찬란한 태양처럼 고향으로 돌아온다. 그들은 의회 의사당을 환히 밝힐 것이며, 그들의 강력한 지성은 하층민에게까지 닿을지니."[21] 그랜드 투어는 귀족 자제들을 위한 교육용 여행이었지만, 국가를 위해 봉사하고 자기보다 낮은 사람들에 대한 책임을 다하는 노블레스 오블리주의 측면에서도 중요한 의미가 부여된 것이다. 교육적 측면에서 그랜드 투어의 핵심 가치는 고대 로마 제국과 르네상스의 문화적 유산을 답사하고 유럽 대륙의 세련된 귀족사회를 경험하는 데 있었다. 동시에 특정한 예술작품과 음악을 직접 감상하는 기회도 제공했다.

그랜드 투어가 영국의 전유물은 아니다. 덴마크, 프랑스, 독일, 네덜란드, 스웨덴의 귀족들도 그랜드 투어를 떠났다. 최근 연구는 스웨덴 귀족들이 비록 영국 귀족들보다는 가난했지만 1620년경

부터 다양한 방식의 여행을 경험했음을 보여준다. 스웨덴의 그랜드 투어러들은 프랑스와 이탈리아를 향해 출발해서 파리와 로마 그리고 베니스에서 많은 시간을 보냈고, 프랑스의 시골에서 여정을 마무리했다. 스웨덴의 왕 구스타브 3세도 1783년부터 2년간 그랜드 투어를 했다.

✦ 왜 귀족들은 그랜드 투어를 떠났나

귀족 교육과정의 일환으로 정의되었지만 그랜드 투어는 완전히 학구적 순례도 아니었고, 로마가 목적지이긴 했지만 종교적 순례도 아니었다. 그랜드 투어는 자유로운 교육은 물론 진귀한 물건을 획득하는 기회였다. 그랜드 투어러는 담뱃갑부터 문진, 성찬대, 분수, 조각상, 과학실험 도구나 문화재를 일종의 여행기념품으로 들고 돌아왔다. 이는 여행자의 위신과 성취감을 고양했고, 여행으로 얻은 세련됨과 지식을 과시하는 데 필수적이었다. 기념품은 서재·정원·화실이나 아예 기념품을 전시할 목적으로 만든 갤러리에 전시되었다. 그랜드 투어를 과시하는 또 하나의 방법은 초상화였다. 대륙의 어느 지역을 배경으로 그려진 초상화는 주인공의 진지함과 영향력과 세상에 대한 지식의 상징이 되었다. 이런 초상화는 오늘날의 여행 증명사진과 크게 다르지 않다. 오늘날에는 여행의 추억을 남기는 도구가 그림에서 사진으로 달라졌을 뿐이다.

그랜드 투어의 경로가 정해진 것은 아니었다. 로마가 영국 그랜드 투어러들이 가장 기대하는 목적지였지만, 이는 재정 형편이나 관심사에 따라 얼마든지 달라질 수 있었다. 영국 귀족들의 그랜드 투어는 일반적으로 도버에서 시작되었다. 여행자는 영프해협을 건너 프랑스의 칼레나 르아브르에 도착한다. 가정교사가 동행하는 경우가 많았는데, 주머니 사정이 넉넉하면 마차를 구매하고 시종과 마부를 고용할 수도 있었다. 마차는 카사노바가 그랬듯이 언제든 다시 팔 수 있었다. 강을 따라 여행하는 방법도 있었다. 프랑스어를 구사하는 가이드도 고용했다. 프랑스어는 17~18세기 유럽에서 엘리트의 표준어였으므로 파리에 도착한 여행자는 프랑스어 교습을 받거나 춤·펜싱·승마 교습을 받았다. 파리의 매력은 섬세한 언어와 귀족사회의 정교한 예절 그리고 패션에 있었다. 젊은 귀족이 프랑스의 매너를 익히는 일은 고향에 돌아와 정부 관료나 외교관으로 활동하려는 준비과정에 해당했다.

다음 여정은 스위스, 특히 신교의 로마로 불린 제네바나 로잔이었다. 스위스에서는 알프스를 넘는 험한 길을 통과해야 했으므로 종종 큰 여행 가방을 분해해서 이동했다. 돈이 많다면 시종의 등에 업혀 갈 수도 있었다. 산악 등반은 19세기에나 발전했다. 스위스를 거쳐 이탈리아에 도착하면 토리노나 밀라노를 방문한 후 피렌체에서 수개월 머물렀다. 피렌체에는 지체 높은 영국 귀족이 참석할 수

카를로 마라티가 그린 〈로버트 스펜서의 초상화〉.
그림 속에서 로버트 스펜서(선더랜드 경 2세, 1640~1702)는 로마의 고전 복장으로 포즈를 취하고 있다.

있는 제법 큰 영국-이탈리아 친선 사교모임이 있었다. 우피치 트리뷰나에 모여 르네상스 시대의 회화와 조각을 감상하거나 피사, 파도바, 볼로냐를 방문한 후 베네치아로 이동했다.

장 프루돔, 〈해밀턴 공작 8세의 그랜드 투어〉, 1774. 물리학자 존 무어 박사 부자가 동행했다.
창문 너머로 제네바 풍경이 보이는데, 공작은 이곳에서 2년간 체류했다.

캐서린 리드, 〈로마의 영국 신사들〉, 1750

영국인이 생각한 베네치아는 이탈리아의 퇴폐적 매력을 발산하는 도시였다. 베네치아를 떠나 로마에 도착한 여행자는 로마 문명의 흔적, 중세와 르네상스 시대의 회화·조각·건축의 걸작을 공부했다. 일부 여행자는 음악을 공부하러 나폴리로 향하거나 폼페이를 방문하기도 했고, 다소 후기에 일어난 현상이지만 일부 모험심이 강한 여행자들이 요트를 타고 시칠리아까지 여행하기도 했다. 귀향길에 오른 여행자는 이번에는 독일어 사용 지역인 알프스를 넘는데, 이 과정에서 인스부르크, 빈, 드레스덴, 베를린, 포츠담을 방문하거나 뮌헨과 하이델베르크 대학에서 수학하기도 했다. 이후 플랑드르 지방을 거쳐 배를 타고 영국으로 돌아오면서 그랜드 투어가 종료된다.

✦ 영국 귀족들이 사랑한 '이탈리아'

이탈리아가 주요 목적지이다 보니 여행기는 대부분 이탈리아 이야기로 넘쳐난다. 여행기가 보여주는 이탈리아는 흥미진진한 곳이다. 대체로 예술과 문화의 나라로 묘사되었지만, 동시에 죄악의 소굴이기도 해서 그랜드 투어러는 여행지에서 해방감을 만끽하곤 했다. 이탈리아는 인습에 얽매이지 않는 나라였다. 알프스 이북과는 다른 매너를 갖춘 이탈리아 여성은 옷차림부터 달랐는데, 정숙함과는 거리가 멀었으므로 당연히 여행자의 눈길을 끌었다. "부끄러움을 모르는 베네치아의 여인들은 정말 특별하다." 제임스 홀 경은 1820년 일기에서 이렇게 고백했다. "살면서 그런 미인은 처음 보았다…. 베네치아 여인들의 드레스는 정말 근사하다. 하지만 드레스를 입지 않았을 때도 근사할 게 분명하다."[22]

이 분야에서 가장 유명한 인물은 제임스 보스웰James Boswell 경 (1740~1795)이다. 그는 스코틀랜드 귀족 가문의 차남으로 작위는 없었지만, 유서 깊은 가문 출신이라는 배경이 있었다. 법률가가 되려고 네덜란드에서 민법을 배운 보스웰은 독일을 거쳐 스위스로 가서 루소와 볼테르를 만났다. 이후 여행을 연장해서 이탈리아로 넘어갔는데, 이때부터 본격적인 모험이 시작된다. 보스웰은 루소에게 보낸 편지에서 이렇게 고백했다.

> 저는 매우 엄격한 도덕적 마음가짐으로 알프스를 넘었습니다…. 하지만 토리노의 부인들이 너무나 아름다워서 저는 이탈리아에서 한 번이라도 정사를 체험해 본다면 세상을 좀 더 잘 알게 되어 파렴치한 여성들을 경멸할 수 있게 될 것이라고 생각했습니다.[23]

그럴듯한 자기변명이라면 공염불이고, 반어법적 표현이라면 열기가 느껴진다. 바라던 대로 세상을 좀 더 잘 알게 된 보스웰의 여성 편력은 이제 막 시작되었다. 토리노의 부인들을 유혹할 수 없었던 보스웰은 '그럴 마음이 있는' 여성들, 즉 돈을 지불하면 또 다른 세상을 보여줄 여성들을 소개받았다. 주로 직업여성들과 관계하는 일로 시간을 보낸 보스웰은 일기에 자신이 지불한 금액도 꼼꼼히 기록해 두었다. 물론 귀족 부인을 유혹하는 데 성공한 적도 있어서 "미첼리 부인은 종교와 철학을 이야기하면서 종종 내 손에 입을 맞추었다"라고 자랑하며 감격해한다. "어제 나는 그녀와 함께 아침을 맞았다. 속치마를 끌어 올리며 무릎을 보았다. 그리고 그녀를 부드럽게 어루만졌다. 이토록 격정적인 자유를 누리다니."[24]

영국 귀족이 이탈리아에서 벌인 모험담에 바이런 경이 빠질수 없다. 그는 이복 누이인 어거스타 리에게 보낸 편지에서 베네치아에서 만난 사랑을 노래했다. 그는 베네치아에서 만난 연인 이야기를 했는데, 다름 아닌 자신이 머물던 집 주인의 아내였다. "저는 아주 귀여운 베네치아 여인과 사랑에 빠졌답니다. 그녀는 스물두 살로 눈동자가 크고 검어요. 참 그녀는 유부녀랍니다. 저도 그렇지만요. 우리는 영원한 사랑을 약속했어요. 이렇게 깊이 사랑에 빠진 적은 처음인것 같아요. 우리는 알프스 이남에서 가장 행복한 불법 커플의 하나일거예요."[25] 누이에게 이런 진솔한 심경을 털어놓다니 그 누이의 답장을 찾지 못한 게 아쉬울 뿐이다.

✦ 그랜드 투어에 대한 환상과 비판

귀족의 그랜드 투어에 지나친 환상을 품을 필요는 없다. 모든 여행이 그렇듯이 그랜드 투어가 늘 즐거웠던 건 아니다. 18~19세기에 프랑스를 여행한 영국인들은 프랑스 숙소의 위생 상태에 기겁했다. 벽에는 새카만 때가 앉아 있고, 부엌에서는 개가 동물의 내장을 뜯어 먹고 있었다. 괄괄한 성격의 한 여행자는 리옹 근처 여관에서 조금 전 개에게 먹이를 주던 그릇에 자기 밥을 내오자 여직원의 머리 위에 그 밥을 쏟아버렸다. 어찌 다 세었는지 모르지만, 여관방에서 하룻밤에 이 480마리를 잡았다는 기록도 있다.

　　모든 여행이 그렇듯이 입에 안 맞는 음식도 문제였다. 부드러운 빵을 기대하는 건 사치일 경우가 많았다. 툴루즈 지방에서는 일주일 치 빵을 한번에 구웠고, 알프스 산지에서는 1년 치, 심지어는 2~3년 치를 한번에 굽고는 훈제하거나 햇볕에 말렸다. 빵인지 돌인지 모를 정도가 되어 운반과 보존은 편리했지만, 먹으려면 망치로 깨서 5번은 삶아야 했다. 투어리스트들은 시골 빵을 먹는다는 생각만으로도 몸서리치며 자기 비스킷을 가지고 갔다. 피레네 지방의 곰 고기 스테이크 같은 별미도 있었으나, 부르고뉴의 여우 고기, 모르방 지방의 다람쥐 고기, 알프스 지방의 마멋(다람쥣과 동물) 고기는 괴이한 냄새와 맛 때문에 인기가 없었다. 참고로 'travel'(여행)의 어원은 프랑스어 'travail'인데, 이는 노동이나 힘든 고역을 뜻한다.

　　이제 궁금증을 풀어보자. 이 여행은 불편한 잠자리와 익숙하지 않은 음식에 대한 참을성을 길러주는 것 외에 과연 교육적 효과를 거뒀을까? 아니면 이 역시 귀족의 사회적 차별성을 부각하는 사치스러운 도구에 불과했을까? 견문을 넓히는 여행의 교육적 효과를 정량적으로 측정하기는 불가능하겠지만, 그렇다고 그저 귀족 교육의 과시적 도구로 축소해석할 일도 아닌 듯하다. 유럽 북부에서 이탈리아를 찾은 그랜드 투어러들은 로마제국의 폐허와 현재의 로마 농민들을 보며 허무를 배웠고, 유럽의 북부와 남부의 차이와 그 대조적 역동성을 체험할 수 있었다. 이탈리아는 분명 매력적인 여행지였고 유럽 문명의 원산지로 간주되었지만, 일부 여행가들은 이탈리아가 보기엔 근사하지만 후진적인 나라라는 인상을 묘사했다. 라마르틴에 따르면 '과거의 땅, 모든 것이 잠든 곳'이었다.

하지만 세기말에 이르러 그랜드 투어에 비판이 일기 시작했다. 천편일률적이고 그다지 생산적이지도 않은 쓸데없는 짓이라는 것이다. 그랜드 투어를 떠나봤자 유럽의 국민적 특징에 대한 낡은 선입견, 즉 프랑스인은 점잖은 척하고, 스페인 사람은 잘난 체하고, 이탈리아인은 색욕에 눈이 멀었고, 독일인은 우스꽝스러운 광대라는 선입견에서 벗어나지 못하더라는 비판이다. 급기야는 그랜드 투어가 청년을 망칠 수 있다는 주장도 나왔다. 1760년대에 그랜드 투어 러들은 '흥청망청 여행을 즐긴 마카로니'라는 조롱을 받았다. 이탈리아를 여행하고 온 젊은 귀족들이 파스타의 일종인 마카로니를 즐겼기 때문일 테지만, 나중에는 새로운 유행을 추구하는 현상을 아예 마카로니라고 부르게 되었다. 호레이스 월폴Horace Walpole은 그랜드 투어를 마치고 돌아와 긴 곱슬머리로 작은 망원경을 들고 다니는, 한마디로 외모에 지나치게 신경 쓰는 젊은 귀족들로 구성된 클럽을 이야기하면서, 이 모임을 마카로니 클럽이라고 불렀다.

그럼에도 그랜드 투어의 인기는 쉽게 사그라들지 않았다. 낯선 곳으로 여행하는 것이 원래 매력적이다. 1786년 괴테는 가명을 써가며 이탈리아를 2년 동안 여행한 뒤 여행기를 남겼고, '나폴리를 보고 죽으라'는 오랜 속담을 전 세계에 알렸다. 1820년대에 증기기관

사무엘 히에로니무스, 〈맙소사, 내 아들아!〉, 1774

이 나온 이후에도 그랜드 투어 관습은 이어졌지만 질적으로 변화했다. 여행은 더 싸졌고, 더 안전해졌고, 더 쉬워졌다. 이제 그랜드 투어는 소수의 전유물이 아닌 하나의 상품이 되었다. 19세기에는 대부분 귀족 청년들이 더 쉽게 그랜드 투어를 떠났다. 동시에 젊은 귀족 여성들도 이탈리아 여행대열에 합류했는데, E. M. 포스터의 소설 『전망 좋은 방A Room with a View』에서 그려지듯이, 대개 독신이거나 미혼인 고모나 이모를 보호자로 대동했다. 남들 다하는 손쉬운 여행을 거부한 귀족들은 그랜드 투어 대신 새로운 모험에 나섰고, 1870년부터 토머스 쿡 투어, 즉 원양 항해에 도전하기도 했다.

그랜드 투어가 아니더라도 여행은 그 자체로 매혹적이어서 비귀족들도 저 멀리로 나름의 그랜드 투어를 떠났다. 미국 독립전쟁 직후 미국 작가 마크 트웨인도 유럽으로 그랜드 투어에 나섰다. 물론 마크 트웨인은 귀족이 아니다. 당연히 그의 여행은 검소했지만 유럽, 중동 등 성지를 여행하면서 유명한 여행기 『지중해 여행기The Innocent Abroad』를 남겼다. 아마 전시대를 통틀어 가장 많이 팔린 여행기의 하나일 것이다.

그나저나 이런 여행을 하려면 비용이 얼마나 들었을까? 18세기의 한 기록에 따르면 3년의 그랜드 투어에 5,000파운드가 필요했다고 한다. 요즘 돈으로 환산하면 대략 98만 파운드다. 환율 계산을 해보니 17억 원 정도가 나온다. 그렇다고 한다.

7

예절과 에티켓

서유럽에서 예절에 대한 관심이 대두된 것은 근대 이후의 일이다. 물론 그 이전에도 예절과 관련해서 '하지 말라'식 가르침이 있기는 했다. 13세기에 작성된 식사 예절은 이런 식이다.

수프는 빵으로 적시지 말라.
큰 소리를 내며 빨아 마시는 것도 안 된다.
더러운 입을 깨끗한 컵에 담그거나
더러운 손으로 술을 건네지 말라.

식사할 때는 다툼을 삼가고

칼로 이를 쑤시지 말라.

물론 이러한 권고가 당장 받아들여진 것처럼 보이지는 않는
다. 인간의 행태가 바뀌는 데는 시간이 제법 오래 걸린다. 이런 유형
의 행동지침을 받아들이고 자신의 몸과 행동거지를 통제하려는 노
력이 시작된 것은 르네상스 시대였다. 이 시기 인간이 예절을 받아들
이게 된 것은 사회적 신분과 특정한 행위규범이 결합했기 때문이다.
즉 귀족이면 귀족다운 몸가짐으로 다른 사회계층과 차별화해야 한
다는 견해가 확산되면서 예절은 동일 집단 내에서 무언의 압력으로
작용하기 시작했다. 확실히 누가 보면 눈치가 보여서 하는 척이라도
하게 되는 법이다. 귀족의 예절은 빠르게 안착했고, 사회 변화에 발
맞춰 끊임없이 새로운 예절을 개발하며 귀족을 다른 사회집단과 차
별화하려고 했다.

✦ 귀족만을 위한 예절서의 등장

1530년에 처음 출간된 에라스뮈스의 『어린이를 위한 예절서』
는 엄청난 성공을 거두면서 예절교육서라는 문학 장르를 만들었다.
물론 이 예절서는 귀족만을 대상으로 한 것은 아니다. 하지만 16세

기 말부터는 귀족의 사회적 지위와 그 차별성을 유지하는 문제에 집중한 예절서가 등장했다. 1528년에 출간된 발다사레 카스틸리오네 Baldassare Castiglione의 『궁정인』이라는 책이 그 시작이다. 이 책에서는 완벽한 궁정인이 되려면 타고난 우아함과 그에 대한 주위의 평가가 있어야 한다고 주장한다. 카스틸리오네의 주장을 따른다면, 진정한 귀족은 자신의 장점을 과시하지만 다른 사람들 눈에는 그것이 힘들게 노력해서 얻은 것이 아니라 자연스러운 것으로 보여야 한다. 한마디로 무심하게 우아해야 한다는 매우 어려운 주문이다.

카스틸리오네와 그의 가르침을 추종한 자들이 제시한 행동 규범은 독특하다. 귀족은 대화나 검술, 춤, 놀이 그리고 일상생활에서 재능을 보이며 호감을 주는 인간이 되어야 했는데, 여기에서 중요한 것은 내면이 아니라 겉으로 보이는 모습이다. 문제는 이러한 외양을 만들기 위해 들인 내면의 긴장과 긴 시간의 노력이 들키면 곤란하다. 결국 탁월한 존재가 되는 데 가장 필요한 기술은 바로 '우아하게 숨기기'이다.

몸의 통제, 즉 에티켓이 정치적 지배 도구로 승화한 곳은 프랑스 루이 14세의 궁정이었다. 17세기 말 루이 14세의 베르사유 궁정에서는 귀족의 행동거지를 철저하게 통제했다. 절대군주는 무절제를 통제하고 예절 규범을 제도화함으로써 어디로 튈지 모르는, 특히 반란 일으키기를 자신의 의무로 알던 귀족들을 통제하려 했다. 궁정은 귀족에게 사회적 우위라는 가시적 특권을 보장하는 대신 왕에 대한 무조건적 복종이라는 대가를 요구한 셈이다. 이 조건을 받아들인 궁정인의 삶은 모두의 눈에 보여야 했고 직관적으로 읽혀야 했다. 국왕은 궁정 귀족들의 일상을 집요하게 감시했고, 귀족들 역시 매 순간 서로를 감시했기에 겉으로 드러나는 모습이 무엇보다 중요했다. 여기에는 왕도 예외가 아니었다. 당대 한 관찰자의 말대로라면 "왕은 사생활의 안락함 외에는 부족한 게 없었다."

✦ 루이 14세의 궁정 예절과 숨은 뜻

　　루이 14세는 귀족의 복종을 가시화하는 궁정 예절이라는 게임의 설계자이자 운영자였다. 국왕은 기상에서 취침에 이르기까지 자신의 일거수일투족을 의례로 만들었고, 귀족들에게 세세한 위치와 역할을 부여하면서 귀족을 참여시켰다. 국왕의 특별한 은총은 다양한 방식으로 표현되었는데, 예를 들어 국왕과 함께한 자리에서 등받이 의자에 앉을 권한이 있는 자와 등받이 없는 의자에 앉는 자 그리고 서 있어야만 하는 자 등이 정치하게 구분되었다. 태양에 가까운 행성일수록 태양광을 더 많이 받는 것처럼, 귀족들은 국왕이 정해준 위치와 서열에 따라 절대군주로부터 받는 총애를 가늠할 수 있었다.

　　루이 14세의 기상 의례를 살펴보자. 시종들이 왕을 깨우고 아침 식사를 준비하는 동안 여섯 부류의 집단이 침실에 입장한다.

먼저 가족이 입장하고, 왕의 적자와 손자, 공주들 그리고 주치의와 제1시종들이 들어온다. 다음으로 내각의 대신들과 대공들, 뒤이어 제1순위 입장객이 들어와 왕에게 공문서를 읽어준다. 제4순위로 나머지 의전실 요원을 포함한 각료들이 입장한다. 여기에는 구호물자 담당관, 각 부서의 장, 국가참사위원, 장군들이 포함된다. 제5순위로 국왕이 입장을 허락한 남녀 귀족들이 들어온다. 이들은 누구보다도 왕 근처에 가까이 갈 수 있는 우선권을 누린다. 그리고 제6순위로 왕의 서자, 가족, 사위들이 입장하는데, 이들은 침실 정문이 아니라 뒷문을 이용한다. 국왕의 기상 의례에 참여한다는 것은 특별한 총애의 표시인 동시에 시기와 질투가 꿈틀대는 것이기도 했다. 제1순위 입장객들은 제3순위 입장객들을 멸시했고 자신들의 특권을 결코 양보하려 하지 않았다.

국왕은 '허공을 맴도는 영구기관'인 궁정 예절로 궁정인을 조종했다. 또 궁정인들의 시기와 질투, 자존심 그리고 경쟁심을 이용해 총애를 나누어 줄 수 있는 유일한 인물로 부상했다. 그래서 국왕은 말 한마디, 몸짓 하나로 상대방을 기쁘게도 하고 당황하게도 했다. 국왕의 힘은 명예를 둘러싼 대귀족들의 야심을 균형 있게 유지하는 능력이라고 할 수 있었다. "사회관계를 만드는 것은 누군가의 마음에 들고 싶어 하는 욕심이다. 인류에게는 다행스럽게도 사회를 파멸로 이끌어야 할 인간의 자존심이 오히려 사회를 강하게 하고 확고부동한 것으로 만든다"라는 몽테스키외의 지적은 루이 14세의 궁정을 매우 적절히 묘사한 것이다.

왕은 대귀족과 귀족들에게 궁정에 상주하라고 요구했다. 왜냐하면 그들은 반란을 의무로 여기는 세력이었기 때문이다. 이제 귀족은 절대적인 지배자를 자처한 국왕의 애정 대상이 되어 보호를 받았다. 그 대신 귀족 역시 사생활을 어느 정도 포기해야 했다. 뜻하지 않게 임신하게 된 귀족 부인이 비밀을 털어놓은 상대는 바로 왕이었다. 그녀의 남편을 전쟁터에 붙들어놓음으로써 그녀 보호자 역할을 한 당사자 역시 왕이었다.

결국 귀족에게는 왕의 총애가 전부였고, 총애는 궁정 예절로 모든 이에게 가시화되었다. 그들은 베르사유궁전의 비좁고 악취 나는 골방을 감내했다. 귀족들은 서로 주고받는 이야기를 들키지 않으려고 조심해야 했기 때문에 점차 가정생활이나 우정 관계를 상실했다. 왕이라는 직분은 한 인간을 삼켜버렸고, 죽는 순간에 이르기까지 그리고 죽는 순간에도 모든 사생활을 박탈했다. 17세기까지는 대귀족들의 운명도 마찬가지였다. 대귀족들의 삶에는 사생활이 전혀 없었다. 한 귀족 부인의 말대로 이들은 "원하는 대로 살지 못하고 신분에 걸맞게, 자신을 천 가지 일의 노예로 만든 종속 상태에서 살았다."

✦ 귀족 예절의 규범화로 탄생한 '매너'

프랑스의 절대왕정과는 다른 발전의 길을 걸은 영국에서도 귀족의 예절은 사회적 차별화의 도구로 발전했다. 영국의 왕들은 루이 14세처럼 귀족을 절대적으로 복종시키려 하지 않았고, 그럴 필요도 없었다. 귀족들은 다른 이유로 예절을 발달시켰다. "매너가 사람을 만든다"라는 표현은 이미 16세기와 17세기 영국 귀족사회의 모토로 자리 잡았다. 매너는 단순한 사회적 품위의 의미를 넘어 귀족사회를 하나로 묶는 접착제 구실을 했다. 매너는 모든 것에 영향을 미쳤다. 옷 입는 방법, 식사하는 방법, 서 있는 방법, 말하는 방법에 관한 세세한 규정은 상대가 누구이고 어디에 속해 있는지, 어떤 등급인지를 말해주었다.

드라마 〈다운튼 애비〉에서는 영국 상류층의 의상과 저택만이 아니라 에드워드 시대의 사회적 상호작용을 규정한 엄격한 에티켓도 보여준다. 많은 식사 예절이 시대를 초월하여 오늘날에도 여전히 적용된다. 물론 오후 6시 이전 식사에서 모자와 장갑을 착용하는 관습은 사라져버렸다. 남성이 정치 이야기를 할 수 있도록 여성이 응접실에서 커피와 술을 마시던 전통도 마찬가지다. 하지만 〈다운튼 애비〉의 정식 만찬에 초대받았다면, 다음의 에티켓을 지키도록 요구받았을 것이다. 안주인이 자리를 잡을 때까지 앉지 말 것. 의자 뒤에 서서 의자 오른쪽으로 이동해 왼쪽부터 앉을 것. 여주인이 냅킨을 무릎 위에 올려놓으면 똑같이 하라는 신호임을 인지할 것. 냅킨을 셔츠 안에 집어넣어서는 안 되고 무릎에 놓을 것. 의자에 등을 기대지 말 것. 음식을 먹으려고 식탁 쪽으로 입을 가져가지 말 것. 음식에 대한 코멘트를 하지 말 것. 공식 만찬에서는 기혼 여성만이 티아라를 착용할 수 있으니 이를 보고 기혼 여성과 미혼 여성을 구별할 것.

　　사람들은 악수보다는 인사나 예의 표시로 인사를 나누었다. 포옹이나 키스 같은 노골적인 애정 표현은 금기시되었다. 감정은 항상 통제되었고 기쁨, 분노 또는 슬픔을 드러내는 행위는 상대의 눈살을 찌푸리게 했다. 감정을 숨긴다는 점에서 프랑스의 궁정 예절과 일맥상통하는데, 어찌 보면 예절이나 매너는 필요에 따라 자신의 사적 감정을 통제하는 기술인지도 모른다. 공식적이든 비공식적이든 모든 사회적 상호작용은 행동을 통제하려고 복잡한 규칙을 만들어냈다. 영국의 귀족사회는 이 규칙을 그들의 규범화된 매너에 녹여냈고, 이 매너로 몸을 통제하는 동시에 다른 사회집단과 구별하려고 시도했다. 예절에 어긋나는 행동은 귀족사회의 접착제를 무용지물로 만들었고, 당연히 그 대가는 부모의 매로 그치는 것이 아니었다. 그래서 '매너가 사람을 만든다Manner make the man.'

8

요새와 성

귀족을 상상하면 떠오르는 시각적 이미지 중 규모가 가장 큰 것이 아마 성城일 것이다. 유럽 여행 중 마주치는 고성들, 한때는 웅장했을 요새의 잔해를 보노라면 저 근사한 석조건물의 주인은 과연 어떤 인물이었을지 궁금해진다.

오늘날 가장 유명한 성을 꼽으라면 버킹엄궁이나 베르사유궁전이 떠오를 것이다. 왕궁으로 불리는 이곳은 왕이 사는 성이다. 그러나 왕이 거처하는 성 외에도 유럽에는 크고 작은 성들, 심지어는 매물로 나온 성도 심심치 않게 볼 수 있다. 호텔이나 에어비앤비로

보나길 요새, 13세기

개조된 성들도 찾아볼 수 있다. 역사의 수많은 굴곡을 이겨내고 지금까지 보존되어 관광객들에게 공개되기도 하는 이런 성들은 한때 귀족의 거처였다.

하지만 성이 귀족의 필요조건은 아니다. 성을 가지지 못한 귀족도 있었고, 시대에 따라서는 귀족이 아닌 자도 성을 소유할 수 있었다. 게다가 중세시대의 성은 거주 목적이라기보다는 군사적 방어시설인 경우도 많아서 종종 오해를 불러일으키기도 한다. 성과 요새의 차이를 분명히 해두자. 우리말에서는 둘 다 '성'으로 번역되지만 유럽에서는 군사적 방어시설인 요새(영어로 fortress, 프랑스어로 chateau-fort)와 거주를 목적으로 하는 성(castle 또는 chateau)이 구별된다.

✦ 군사시설로 지어진 귀족의 성

중세 초기에 귀족의 성은 기본적으로 요새, 즉 군사시설이었다. 거주하려고 지어진 것이 아니었으므로 생활하기가 편할 리 만무했다. 방어가 중요한 지역, 이웃 지역과 갈등이 빈번하거나 바이킹 같은 이민족의 침입이 잦은 지역에서는 성벽을 쌓고 자연적인 언덕 또는 흙을 쌓아 만든 토루 위에 전략적 거점으로 요새를 건설했다. 물론 중세 초기의 성은 기껏해야 언덕 위에 말뚝 울타리를 둘러친 나무 성채에 불과한 경우가 흔했다. 그러나 기사 병력을 배치할 경우, 비록 목재로 만든 성채일지라도 위력적인 방어시설이 될 수 있었고, 일대 농민을 겁주거나 경쟁 관계에 있는 영주의 공격을 충분히 막아낼 수 있었다.

11세기 말까지 서유럽 귀족의 거주시설은 대부분 주로 나무로 만들어졌고, 원시적인 난방·취사 방식으로 종종 화재가 일어나곤 했다. 경제적 여건이 나아지고 건축기술이 발전하면서 석재로 만든

성이 건설되었고, 화재로 사라지는 경우도 줄어들었다. 이제 성에는 굴뚝과 덮개 달린 벽난로(모두 중세의 발명품)가 설치되었다. 그 덕분에 중앙의 커다란 홀에 놓였던 큼직한 화덕이 사라졌다. 방마다 독립적인 난방이 가능해졌다. 생활 여건이 제법 나아졌다고 볼 수 있지만, 난방이 되었다고는 해도 모든 방이 난방을 갖춘 것은 아니어서, 여름이 지나고 나면 성은 몹시 추웠다. 요새용 성의 창문은 크기도 작고 그 숫자도 많지 않았는데, 이는 군사적 이유이기도 하지만 난방을 위한 것이기도 했다. 떠돌이가 한 마을에 도착해서 잠자리를 청할 경우, 귀족의 성보다는 농가에서 돼지를 끌어안고 자는 편을 더 선호했다는 이야기가 나돌 정도였다.

이런 성을 건설하고 유지할 능력을 지닌 귀족은 그리 많지 않았다. 프랑스의 경우 지역적 편차는 있지만 대략 귀족의 4분의 1 정도만 성을 보유했다. 지금까지 남아 있는 사료에도 성chateau이라는 용어가 사용된 경우는 극히 드물다. 그 대신 저택manoir, 영주관, 작은 성chastel 같은 용어가 주로 사용된다. 대부분 귀족들은 사각형 안뜰을 갖춘 규모가 큰 농장 형태의 주거지에서 살았다. 1695년 오몽빌의 영주이자 훗날 여왕 연대의 지휘관이 된 루이 타라공Louis Tarragon의 저택은 방 두 개, 부엌 그리고 대기실의 구조로 되어 있었다. 그릇도 평범했고, 그림이나 카펫, 은장식, 거울이 있었지만 사치스러움과는 거리가 멀었다. 파리고등법원 판사이자 생페라비, 에스프뢰, 코르생빌, 랑드르빌, 샹필로리, 포앵빌의 영주인 피에르 가맹Pierre Gamin의 저택은 그나마 사정이 나아서 거실 2개, 방 4개, 서재 2개, 옷방이 있었다. 하지만 이 역시 우리가 기대하는 성의 모습과는 거리가 멀다.

✦ 요새에서 주거지로 용도 변화

그렇다고 해서 이들 귀족이 주거지에 아예 관심이 없었던 것은 결코 아니다. 예나 지금이나 결국 다 돈 문제여서 전장에서 전공을 세우거나 출세에 성공해 국왕의 총애를 받게 되면 상황이 달라졌다. 즉 지갑이 두둑해지면 귀족은 인근의 성을 구입하거나 낡은 성을 증축하고 장식하는 호사를 마다하지 않았다. 16세기 가스파르 드 소Gaspard de Saulx는 부르고뉴 지방의 유서 깊은 귀족 가문의 하나인 드 소de Saulx 집안 출신이다. 쉴리Sully 남작이자 오랭과 방투의 영주 장 드 소의 차남인 가스파르는 1509년에 태어났다. 그는 군인의 길을 선택했고, 프랑수아 1세의 시종이 되어 이탈리아 원정에 참가했다. 이후 전공을 세우며 출세하기 시작한 이 인물은 1570년 샤를 9세에게 원수로 임명되었다. 그의 부친이 주루와 탑이 달린 르 파이이 Le Pailly성을 매입했는데, 가스파르는 이 성을 리모델링하고 석상으로 장식된 이탈리아식 테라스를 건설했다.

파이이성은 방어용 요새가 아니다. 국경의 전략적 요충지에서는 여전히 군사용 성채가 위용을 과시했지만, 영주들 간 물리적 갈등

르 파이이성

이 줄어들고 왕권이 강화되면서 왕국 내부에 있는 귀족의 성들은 대부분 군사적 목적을 상실했다. 그 대신 성주의 주거와 영지 경영을 목적으로, 때로는 가문의 위세와 부를 과시하는 수단으로 이용되었다. 이러한 변화는 시기적으로 이탈리아에서 르네상스 운동이 전개된 시점과 일치하며, 유럽 곳곳에서 이탈리아의 건축양식을 모방한, 때로는 아예 이탈리아 출신 건축가를 고용하여 귀족의 성들이 만들어지기 시작했다.

이탈리아 르네상스의 영향을 받아 지어진 귀족의 성을 보려면 프랑스 중서부 루아르 계곡으로 가면 된다. 이 지역에 성들이 밀집한 이유는 이 시기 샤를 7세나 루이 11세 같은 발루아^{Valois} 왕조의

외벽과 결합한 빌랑드리성의 주루

국왕들이 인근의 투르에 주로 거처를 두었기 때문이다. 발루아 왕조는 15세기 말 이탈리아의 예술을 발견하면서 이에 매료되었고, 레오나르도 다빈치를 포함하여 여러 예술가를 데려왔다. 300개가 넘은 이 지역의 성들은 중세시대에 세워진 요새들도 있지만 대략 절반은 15세기와 16세기 재건축되고 리모델링된 주거용 건물이다. 앙부아즈Amboise성처럼 언덕 위에 세워진 것도 있지만, 군사적 용도가 사라진 만큼 대부분 성은 거주에 용이하고 교통이 편리한 평지에 자리를 잡았다.

이 중 빌랑드리Villandry성은 프랑스 르네상스 양식을 고스란히 보여주는 동시에 중세에 지어진 요새의 흔적을 간직하고 있다. 16세기 말 이전까지 빌랑드리는 쿨롱비에Coulombier라는 이름으로 불렸다. 12세기에 쿨롱비에 영주가 세운 요새는 전형적인 군사시설로, 위급한 상황에서 마을 주민들이 대피할 수 있도록 지어졌다. 1532년 이 성은 재무대신 장 르 브르통Jean Le Breton이 매입했다. 르 브르통은 이를 프랑스 르네상스 스타일의 대규모 주택으로 리모델링했는데, 새로 세운 외벽과 결합한 주루는 과거 이 성이 갖고 있던 요새의 흔적을 보여준다. 빌랑드리성은 프랑스대혁명 기간에 국유화되었지만 황제가 된 나폴레옹은 이 성을 자신의 형 조제프 보나파르트에게 선물했다. 세월은 가고 이야기만 남는다지만, 500살이 된 빌랑드리성은 여전히 강건한 모습을 유지한 채 관광객들에게 속살을 보여주고 있다.

9

가문을 상징하는 문장들

전장에서 또는 마상창시합에서 돌격을 준비하는 기사를 상상해 보자. 한쪽 손에 창이 들려 있다면 다른 손에는 무엇이 들려 있을까? 도끼라고 할 사람도 있겠지만 대개 방패라고 대답할 것이다. 그런데 이 방패에는 어딘가 심심했는지 대개 특정한 문양이 그려지게 마련인데, 이게 바로 문장이다. 예뻐 보였는지 멋있어 보였는지 모르지만, 어떤 의류 브랜드는 방패 모양의 로고를 만들어 사용하기도 한다. 그렇다면 문장은 무슨 의미일까?

✦ 귀족 문장의 구성과 용도

　흔히 문장 하면 귀족 가문의 깃발이나 방패에 새겨진 특정한 그림을 연상한다. 방패의 기능이나 성능과는 무관하지만 문장은 기사의 방패를 완성하는 중요한 요소다. 그런데 문장만으로 말하면 사실 방패는 일부분에 불과하다. 쉽게 말해 완성형 문장은 방패보다 크다. 게다가 낯선 용어와 복잡한 구성으로 문장의 의미를 정확히 파악하기는 꽤 힘들고 성가시다.

　귀족 문장의 전형적인 구성을 살펴보자. 문장은 방패 외에 투구의 깃 장식에 해당하는 크레스트, 투구 상단을 장식하는 꽃, 좌우의 장식 리본 그리고 방패 아래에 새겨진 좌우명으로 구성된다. 이

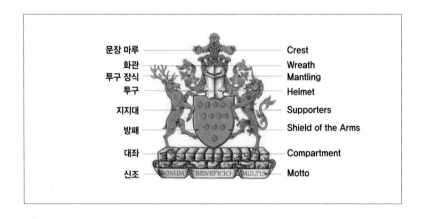

문장 마루	Crest
화관	Wreath
투구 장식	Mantling
투구	Helmet
지지대	Supporters
방패	Shield of the Arms
대좌	Compartment
신조	Motto

귀족 문장의 구성

모든 것을 갖추었을 때 문장이 완성된
다고 할 수 있지만, 일반적으로는 방패
나 크레스트만으로 장식되는 경우가
많다. 방패가 문장의 핵심이 된 것은
어찌 보면 당연한 일인데, 중세 기사의
기본 무장인 창과 칼 그리고 방패 중에
뭔가를 그려 넣기에 방패가 가장 유리
했기 때문이다.

이탈리아 아레초에서 열린 축제에서
행진 중인 굴리키니Guillichini
기사단 재현 모습

　　방패의 표면은 상단부와 하단
부 또는 시니스터와 덱스터(착용자 시점에
서 좌측과 우측)로 구분하거나 가로 또는 세로를 삼등분하여 구분하기도
했다. 방패에는 다양한 색상으로 채색된 문양이 그려졌는데, 노란색,
금색, 은색, 붉은색과 파란색이 주로 이용되었다. 검은색은 염료를
구하기도 어렵고 가격도 높아서 거의 사용되지 않았다. 녹색 역시 튀
르키예에서 수입되는 값비싼 염료가 필요했기에 흔하지 않았다. 희
귀 어패류에서 추출하는 보라색도 마찬가지다. 나중에는 방패에 모
피 장식을 추가하곤 했는데 흰족제비털이나 다람쥐 모피를 착색하
여 이용했다.

　　문장이 처음 등장한 곳은 전쟁터였다. 전투를 벌이는 쌍방은
누가 내 편인지 알아야 했고, 전사자들의 신원을 확인할 필요도 있었
다. 귀족은 아니지만 백년전쟁의 영웅 잔 다르크도 샤를 7세로부터

문장을 받았다. 마상창시합이 유행하면서 문장은 투구로 얼굴을 가린 참가자를 식별하는 데도 활용되었다. 문장은 착용자의 소속을 식별하는 유니폼 같은 장치였고 개인의 신원을 보여주는 일종의 회원증으로 개발되었다. 한마디로 문장은 그림으로 그려진 대형 명함이다.

Arc (d')

잔다르크의 문장

전쟁은 싸우는 자의 임무, 즉 귀족의 특권이었기에 문장은 왕, 제후, 기사 등 유럽 귀족들의 전유물이 되었다. 초기에 문장 디자인은 개인의 입맛에 따라 결정되었겠지만, 13세기를 전후해 세습적인 문장 체계가 발전하기 시작했다. 문장이 중요했던 또 하나의 이유는 그것이 상속되었기 때문이다. 제3차 십자군 전쟁(1189~1192)에 참가했던 영국의 사자심왕 리처드 1세의 문장이 후손에게 세습된 것처럼, 문장은 토지나 작위와 함께 아버지에서 아들로 상속되었으므로 특정 혈통의 식별 장치 역할을 하게 되었다.

글을 읽을 줄 아는 사람이 거의 없는 시절에 문장은 상징을 통한 말, 즉 일종의 상형문자가 되어 자신들의 땅을 표시하는 역할을 하기도 했다. 전장에 참여하는 기사는 곧 영주이기도 했으므로 문장은 소유권의 표식으로 이용되었다. 이 때문에 방패가 소유지의 경계를 의미한다고 해석되기도 한다. 이러한 문장의 기능과 상징성은 훗날 국기와 같은 공적인 휘장이나 침묵의 언어처럼 군대의 기강을 상징하는 군기로 이어진다.

문장은 소유자의 신분과 직업만이 아니라 재력을 보여주기도 했다. 차남은 기존 문장에 다른 요소를 추가함으로써 구별되었다. 통상 문장을 소유한 두 가문이 혼인으로 맺어지면 합문이 이뤄지기도 하는데, 대체로 두 가문의 문장이 나란히 배치되었다. 서자는 가문의 문장을 사용할 수는 있지만, 상속

루이 드 부르봉의 문장

권이 없음을 나타내려고 문장 위에 우상변에서 좌하변으로 이어지는 대각선 띠를 표시하곤 했다. 15세기에 프랑스 제독의 지위에 오른 루시용Roussillon 백작 루이 드 부르봉(1450~1487)은 부르봉 공작 샤를 1세의 서자였으므로 대각선 띠가 그려진 문장을 사용했다.

✦ 문장의 가문 세습과 변형

문장은 세습적 성격으로 가문의 혈통과 역사, 즉 혼인, 동맹, 정복과 같은 내용을 가시적으로 보여줄 수 있었고 변형될 수 있었다. 예컨대 백년전쟁을 시작한 잉글랜드의 에드워드 3세는 프랑스 왕위

리처드 1세의 문장   에드워드 3세의 문장

계승을 주장하며 사자가 기어 다니던 기존 가문의 문장에 프랑스 왕
가의 상징인 백합이 새겨진 파란색을 추가했다.

　유럽의 문장에서 가장 많이 사용된 동물은 바닥에 엎드려 기
어가거나 앞다리를 들고 선 사자다. 동물의 왕 사자는 힘과 용기, 관
대함의 상징으로 여겨졌다. 꿀벌도 왕가의 문장에 자주 사용되었다.
고대 이집트에서부터 왕의 상징으로 이용된 꿀벌은 불멸성과 부활
을 의미했다. 꿀벌은 메로베우스 왕조의 상징으로 훗날 나폴레옹이
재활용했다.

　프랑스의 왕가는 백합 문양을 사용했다. 이는 골족의 첫 번째
왕인 클로비스가 백합 세 송이가 새겨진 방패를 천사에게 선물받았

다는 전설에서 유래했다. 문자가 발달하며 점차 문장에도 간단한 글자가 새겨지게 되었는데, 프랑스 왕가의 문장에는 "백합은 물레를 돌리지 않는다"라는 구호가 적혀 있다. 이 구호는 백합으로 상징되는 왕위의 상속에 물레로 상징되는 여성이 개입할 수 없음을 의미한다.

　　아예 직설적 표현이 담긴 문장도 존재한다. 이탈리아 북부 베르가모 지방의 전통적 귀족 콜레오니^{Colleoni} 가문의 문장에는 흔한 사자나 백합 대신 위아래 흰색과 빨간색으로 나뉜 방패에 쌍방울 같은 것이 총 3개 그려져 있다. 이 쌍방울의 정체는 남성의 고환이다.

　　라틴어 콜레우스^{coleus}에서 유래한 콜레오니는 고환을 의미한다. 15세기에 베네치아군을 지휘한 바르톨로메오 콜레오니는 전장

남성의 고환을 형상화한　　　　　　　하트로 교체한
콜레오니 가문의 문장　　　　　　　콜레오니 가문의 문장

에서 "Coglia! Coglia! Coglia!", 즉 "불알! 불알! 불알!"이라는 구호를 외쳤다고 한다. 베네치아 산티 조반니 에 파올로 대성당 옆에 서 있는 콜레오니 장군의 동상 아래에는 이 가문의 문장이 유독 반짝이는 동판으로 만들어져 있다. 이 중요한 부분만 반짝거리는 이유는 여기를 만지면 행운이 찾아온다는 뻔한 속설이 돌았기 때문이다. 르네상스 시대 이후 콜레오니 가문은 보기가 흉하다고 생각했는지 창피했는지 이 멋진 고환을 뒤집힌 하트 모양으로 교체했다.

✦ 귀족 문장의 쇠락과 현대적 변용

문장 전문가들에게 18~19세기는 문장의 쇠락기로 간주된다. 귀족과 무관한 개인이나 단체가 문장의 기원과 전통 따위는 철저히 무시한 채 이를 마구 사용하기 시작했기 때문이라고 한다. 하지만 이는 사실과 다르다. 문장은 꽤 이른 시기부터 귀족의 전유물이 아니었다. 이탈리아 북부의 도시들은 14세기 후반부터 문장을 사용했다. 교회 단체, 대학 또는 무역회사와 같은 국왕의 특허장을 받은 조직들도 문장을 사용했다. 오늘날 문장은 말 그대로 민주화되었다. 한 나라의 국기이건, 군부대의 군기이건, 학교의 교기이건, 단체나 집단 또는 개인을 상징하고 포장하는 데 쉽게 이용된다. 하지만 문장이 있다는 것만으로 그 의미가 완성되는 것은 아니다. 문장이 의미가 있으려면, 즉 타인에게 그 의미가 전달되려면 문장의 주인이 자신의 고유한 역사를 만들어야 한다. 그냥 멋으로 만들 수 있겠지만, 오래갈 일은 없다.

파리시의 문장은 14세기에 처음 도입되었고 현재 파리시의 문장은 1853년에 만들어졌다. 파리 곳곳에 부착된 이 문장에는 'Fluctuat nec mergitur'라는 라틴어 문구가 새겨져 있는

파리 5구의 한 건물 벽면에 있는
1904년 파리의 문장

데, '흔들릴지언정 가라앉지 않는다'라는 나름 결의에 찬 문구다. 이는 자신이 겪어온 지난한 역사에 대한 파리시의 자부심이기도 하다.

귀족의 일상
엿보기

가화만사성인가? 귀족이 아닌 그 누구에게라도 가족은 중요하다. 가족은 일상적인 삶의 기본적 구성 요소이고 누군가에게는 행복의, 또 다른 누군가에게는 불행의 공간이기도 하다. 귀족이라고 예외는 아니다. 아니 오히려 지킬 것이 많은 귀족에게 가족은 자산의 일부인 동시에 자산을 지키고 증식하는 수단으로 그 의미가 각별하다. 이번에는 귀족들의 가족 내부를 들여다볼 작정이다. 결혼, 재산 상속, 자녀 교육 그리고 식탁에 이르기까지 가족의 삶을 구성하는 기본 요소들을 찬찬히 뜯어보자.

1

귀족에게 가족이란

　　유럽 역사에서 귀족이 무엇인지 그 모습을 대략 그려보았으니, 이제 조금 더 구체적으로 귀족들의 일상을 들여다보자. 가화만사성이라 했으니 우선 가족부터 살펴보자. 가족이 다 거기서 거기 아니냐고 할 수도 있지만 과거의 가족이 현대의 가족과 다르듯이, 같은 시대라 해도 평민에게 가족의 의미와 귀족이 느끼고 생각하는 가족의 의미는 사뭇 달랐다.

✦ 귀족 가문의 가족이라는 특수성

혈통과 가문을 강조한 귀족에게 가족의 중요성은 다른 사회계층과 구별될 정도로 달랐을까? 그렇기도 하고 아니기도 하다. 전통사회에서 사회의 최소 구성단위는 가족이었다. '개인'이라는 개념은 아직 등장하지 않았다. 가장 기초적 구성 요소이므로 가족은 귀족에게나 평민에게나 중요한 토대였다. 물론 중요했다는 말의 의미와 뉘앙스는 오늘날과 다르다. 예컨대 과거의 귀족에게서 사랑으로 맺어진 부부, 그 사랑의 결실인 자식들 그리고 이들이 이루는 화목한 가족의 이상적 모습을 기대하면 곤란하다. 사랑이 넘치는 단란한 가족의 신화는 19세기에 등장한 것으로 전근대 시대에는 어울리지 않는 개념이다.

사생활의 역사라는 연구 분야를 개척한 필립 아리에스를 따르면, 과거의 가족은 오늘날의 가족과 많이 달랐다. 가족은 과거로 거슬러 올라갈수록 중요했다가 현대에 가까워질수록 약해지고 급기야 붕괴과정을 걷고 있는 것으로 생각하기 쉽지만, 실제로는 정반대에 가깝다. 중세에는 가족관계가 그리 강하지 않았던 것으로 보인다. 귀족도 마찬가지였지만 지켜야 할 재산이 많으면 친밀함과는 다른 차원에서 가족의 역할이 중요했다.

귀족의 가족, 부부관계나 부모 자식의 관계를 이해하려면 가장 먼저 재산상속 문제를 고려해야 한다. 작위이건 토지이건 유럽의 귀족사회는 그 지위가 일반적으로 부계 혈통을 따라 아버지에서 아들로 계승되었다. 하지만 이게 그리 간단치 않은 문제다. 귀족의 지위를 물려준다는 것은 아파트나 토지를 상속하는 것과는 다르기 때문이다.

프랑스건 영국이건, 유럽의 작위 상속은 대체로 차남을 배제하는 장자상속제를 따랐다. 물론 작위를 여러 개 보유한 귀족은 자신의 작위 중 하나를 차남에게 물려줄 수도 있었다. 왕족이나 공작들은 차남에게 보조적 작위를 수여하기도 했다. 예컨대 X백작의 차남은 Y자작과 같은 작위를 물려받았다. 법적 효력이 없는 관례적 호칭에 지나지 않는 경우도 있었는데, 공작의 장남은 부친이 살아 있는 동안에는 관례적 호칭으로 '후작'이라는 칭호를 사용했다. 프랑스에서는 아들이 없는 경우 딸이 상속자가 되기도 했다. 이때도 가문의 혈통을 잇는 일은 무엇보다 중요했기에 딸의 결혼계약서에는 신랑이 자기 성을 포기한다는 조건이 명기되기도 했다.

✦ 장자상속 원칙과 재산 분배

영국에서도 장자상속 원칙이 고수되었다. 장자상속은 가문의 재산을 자식들에게 나누어 주지 않으면서 전체를 온전히 보존할 수 있게 해주었다. 하지만 차남 이하 아들들은 어떻게 살아가란 말인가? 부유한 가문은 차남에게 토지나 보조금을 약간 지급할 수 있었지만, 이러한 관대함이 항상 보장되는 것은 아니었다. 이는 그 가문의 재정적 여유와 장남의 의지에 달려 있었다. 차남에게는 직업이 중요했으며 어려서부터 독립심이 강조되었다. 제인 오스틴의 이야기를 들어보자.

> 이상하게 보일지는 몰라도, 장남 밑으로 자식이 단둘뿐이지만, 나는 그에게 반드시 직업이 필요하다고 생각하오. 물론 그가 모든 직업의 굴레에서 벗어나기를 바랄 때도 있소. 하지만 몰랜드양, 내가 비록 젊은 아가씨들을 정확하게 설득할 수는 없어도, 아마 아가씨 아버님께서는 모든 청년들에게 일거리를 주는 게 상책이라는 내 생각에 동의하실 거요. 돈은 중요하지 않소. 그건 목적이 아니오. 할 일이 있는 게 중요하지. 장남인 프레더릭조차, 이 지방의 웬만한 공직에 나가지 않은 신사들만큼이나 상당한 땅을 물려받을 것이지만 직업을 갖고 있다오.[26]

물론 운 좋은 차남도 있다. 형님이 자식을 보기 전에 사망할 경우다. 그러면 차남은 뜻하지 않게 가문의 재산을 물려받을 수 있었다. 제3대 클래런든 백작은 차남으로 태어나 법률가의 길을 준비했지만, 경력을 시작하기도 전에 형이 사망하면서 백작령을 상속받았다. 하지만 셋째나 넷째라면 그런 기대조차 쉽지 않아서 어떻게든 호구지책을 마련해야 했다. 물론 이들에게도 행운이 따라준다면 후사가 없는 부유한 친척에게서 구원의 동아줄이 내려올 수 있었다. 제인 오스틴의 오빠인 에드워드는 셋째 아들이었지만 부계 쪽 친척이 상속인 없이 사망하면서 꽤 규모가 큰 영지를 상속받았다. 물론 에드워드가 성을 바꿔야 한다는 조건이 따랐지만, 당사자도 그의 가족도 망설임 없이 이 조건을 수락했다. 에드워드 오스틴은 이제 에드워드 나이트로 불리게 되었다.

에드워드처럼 운이 좋지 않았던 차남들은 스스로 직업을 찾아야 했지만, 그들에게도 마지막 모험 기회는 있었다. 돈 많은 아내를 맞이하는 일이다. 『오만과 편견』의 여주인공 엘리자베스 베넷은 피츠윌리엄 대령과 이런 대화를 나눈다.

"차남들은 자기 부정과 의존에 빠져들 수밖에 없으니까요."
"제가 볼 때 백작님의 차남이라면 그 두 가지 다 모를 것 같은데요. 자기 부정과 금욕과 의존에 대해서 무엇을 알고 계시나요? 돈이 없어서 가고 싶은 곳에 가지 못하거나 갖고 싶은 물건을 갖지 못한 일이 있나요?"
"통렬한 질문이네요. 저는 그런 종류의 어려움은 그리 많이 겪었다고 할 수 없을 겁니다. 하지만 좀 더 중요한 문제에서 저는 돈이 부족한 데서 오는 고통을 실감하고 있습니다. 장남이 아닌 아들들은 원하는 여자와 결혼할 수 없답니다."
"돈 많은 여자와 결혼하는 걸 원치 않는다면 그렇겠죠. 하지만 실제로는 돈 많은 여자를 선호하시잖아요."

"소비 습관 때문에 경제적으로 독립하기가 쉽지 않을뿐더러, 우리 같은 지위의 사람들 가운데 돈을 고려하지 않고 결혼할 수 있는 사람은 많지 않습니다."

'나를 겨냥해서 하는 말일까?' 엘리자베스는 그 생각에 얼굴을 붉혔다. 하지만 얼른 생각을 털고 활기찬 목소리로 말했다. "그러면 백작가 차남의 일반적인 가격은 얼마인가요? 형님이 병약하시지 않다면, 대령님은 5만 파운드 이상은 요구하시지 않을 것 같은데요."[27]

귀족 가문의 딸들에게 주어진 운명은 대동소이했다. 그들은 어려서부터 바느질과 자수를 배웠다. 여건이 된다면 수녀원에 보내져 기본 교육을 받았지만, 이 모든 교육의 목적은 훌륭한 신붓감이 되려는 것이었다. 하지만 딸의 혼인에는 한 가지 추가적인, 아니 가장 중요한 문제가 남아 있다. 바로 결혼지참금이다. 지참금의 형태는 용익권이나 토지 또는 현금 등 다양했고 사정에 따라 그 규모도 달랐지만, 형편이 넉넉지 않은 귀족 집안에서 딸(들)의 존재는 큰 부담이었다. 지참금 없이는 결혼도 없었기 때문이다. 『오만과 편견』에서 베넷가 부부는 딸들에게 5,000파운드를 남겼으므로 다섯 딸은 1,000파운드씩 나눠 가졌다. 혼인시장에서 판돈을 10,000파운드 가진 여인에게 밀리는 건 당연한 일이었다.

✦ '어린이' 개념의 탄생과 교육의 변화

가족 이야기를 하면서 '돈돈' 하는 게 불편하게 들릴지 모르겠다. 하지만 좋건 싫건 귀족에 대한 현실적 고려는 가족관계를 이해하는 전제조건이다. 그래야 귀족 집안에 대한 여러 에피소드와 증언을 이해할 수 있다. 예를 들어 부자 관계도 그렇다. 아버지는 차남보다는 장남과 더 친밀했다. 이는 단순히 장남이라서가 아니라 그 기저에 깔린 사회경제적 조건, 장자상속제의 영향 때문이다. 다만 남자들 사이에서는 애정 어린 몸짓과 강렬한 감정 표현이 금기시되었으므로 부자간 애정은 편지나 유언장 같은 문학 양식으로 표출되었다. 심지어 아버지와 아들은 한 지붕 밑에 살 때조차 편지를 주고받았다.

그런데 자식들이 아직 어린 나이였을 때는 어땠을까? 근대 이전 시기에 이 문제는 엄밀히 말해 귀족만의 문제는 아니었다. 19세기는 '어린이의 세기'라고 할 정도로 어린이가 중요한 위치를 차지하기 시작한 시기였다. 이때부터 천진난만한 어린이가 따뜻한 가족의 울타리 안에서 보호받는 스위트홈의 신화가 부상했다. 하지만 그 이전에는 상황이 많이 달랐다. 중세 유럽에는 어린이라는 개념 자체가 없었다. 어린이는 이유기가 끝나고 일곱 살 정도가 되면 곧바로 어른 사회에 흡수되어 어른과 똑같이 취급되었다. 따라서 아동을 위한 특별한 교육이라는 개념이 존재할 수 없었다. 어린아이를 다른 가정에 위탁하는 것도 하나의 관행이었다. 귀족 집안의 자식들은 열 살 이전에 다른 귀족에게 보내져 말을 보살피는 일부터 시작해 마구간의 종이 되기 일쑤였다. 쉽게 말해 남의 집 더부살이를 한 셈이다. 이 관행은 재산 정도에 상관없이 서양 중세에 거의 공통 현상이었고, 주인에게 위탁된 아이는 주인을 제대로 섬기는 의무를 부여받았다.

어린이가 일찍이 어른들의 세계로 흡인되는 현상은 근대에 들어와도 계속되었지만, 귀족과 부유층에서는 새로운 시각이 나타나기 시작했다. 즉 어린이를 맑은 영혼의 소유자로 간주하고 타락한 어른들의 세계에서 격리해 별도 교육을 제공해야 하는 대상으로 바라보기 시작한 것이다. 청소년기가 상정되었는데, 이는 학생의 시기가 되었다. 어린이를 혼탁한 사회에서 격리해 올바른 교육을 받게 하려면 특별한 기관이 필요했고, 주로 교회에서 운영하는 교육기관이 설립되었다. 이 변화의 정점은 아마도 19세기 영국에서 발전한 기숙학교일 것이다. 마법사의 자식들을 위해서 호그와트가 있었다면, 머글 귀족들에게는 이튼칼리지와 같은 폐쇄된 교육시설이 마련되었다.

2

귀족은 어떻게 결혼했을까

가족 이야기를 했으니 이제 가족을 만들려면 거쳐야 할 관문인 결혼을 이야기해 보자. 거두절미하고 귀족에게 결혼은 비즈니스, 출세와 재산증식의 기회이자 수단이었다. 귀족의 가족에게 중요한 것은 감정적 측면보다는 사회적·경제적·정치적 효과였고, 결혼은 이를 충족하는 중요한 무기였다. 결혼을 이런 식으로 받아들이다 보니 결혼적령기 남성 귀족의 태도는 가히 용병의 기세를 닮았다. 전장에 나가 한몫 크게 잡아보려는 모험가의 심정이랄까? 그렇게 오랜 귀족 가문과 신흥 가문이 또는 귀족 가문과 부유한 평민 가문이 정략적 결혼으로 결합했다.

그렇다고 모든 귀족이 정략적 결혼에 희생된 것은 아닐 것이다. 부모의 뜻을 거스르며 끝내 결혼을 거부하거나 부모 몰래 사랑의 결혼을 선택하는 용감한 이들도 있었다. 하지만 이런 예외적 사례를 배제하면 귀족에게 결혼은 철저한 기브앤드테이크의 비즈니스였다.

✦ 귀족의 결혼은 가문을 위한 비즈니스

1698년에 있었던 라포스 공작Duc de la Force 가문과 루앙 고등법원의 보믈레Bosmelet 판사 집안 사이의 혼사에 대해 루이 14세 시대의 회고록 작가 생시몽 공작의 촌평을 살펴보자. "라포스 공작은 장남을 보믈레 양과 혼인시켰는데, 그녀는 루앙 고등법원의 부유한 판사와 국무비서인 샤비니의 딸 사이에서 태어난 외동딸이었다." 이 결혼을 위해 공작은 아들에게 코몽Caumont 공작 작위를 물려주었다. 고등법원 가문, 즉 귀족이 된 지 얼마 되지 않은 법복귀족의 딸이 유서 깊은 가문의 공작부인이 되다니 이보다 더 좋은 혼사가 어디 있단 말인가? 반대로 공작에게 이 결혼은 두둑한 자금과 토지를 선물해 주는 재산증식 기회를 의미했다. 부유한 상속녀 사냥만큼 젊은 귀족들을 들뜨게 만드는 것도 없었다. 성공만 하면 가문의 이름을 다시 드높이고 재산을 늘려 다음 세대에 물려줄 수 있기 때문이다.

돈 많은 상속녀가 1순위 신붓감이라면 그다음 후보는 두둑한 지참금을 챙겨오는 신붓감이었다. 여기에 출세에 든든한 뒷배경이 되어줄 인맥까지 딸려온다면 금상첨화다. 슈베르니Cheverny 백작은 파리고등법원 수석재판장의 딸과 결혼했다. 중매를 맡은 이는 회계법원 재판장이었는데, 그는 슈베르니 백작과 사돈 관계였다. 이 결혼으로 슈베르니는 장인의 유산을 상속받고 파리고등법원의 실세인 고명한 법복귀족 가문의 후광을 입게 되었다. 실제로 결혼한 후 백작은 출세길이 열려 국새상서(우리식으로는 국무총리쯤 된다)이자 대법관이 되었다. 그런데 사실 이 두 가문은 모두 루아르(오늘날 르네상스식 고성들이 집중되어 있는) 계곡 지역을 대표하는 법복귀족 가문이었다. 한마디로 같은 동네 사람들이라는 이야기다. 이 동네의 유력 가문들은 거의 세대마다 혼인을 맺어왔다. 그러면서 서로 밀어주고 당기고 똘똘 뭉쳐가며 가문의 위신을 높여갔다.

국왕이 직접 중매에 나서 귀족의 혼사를 결정하기도 했다. 샤를 콜베르 드 크루아시는 루이 14세의 외무대신이었다. 이름에서 짐작할 수 있듯이 그는 재무대신이었던 장 밥티스트 콜베르의 동생이다. 외무대신에게는 아들이 둘 있었는데 그중 장남에게 형과 같은 장밥티스트라는 이름을 붙여주고 토르시 후작이라는 작위도 물려주었다. 토르시 후작의 혼사는 그야말로 외교 업무를 처리하듯 결정되었다. 태양왕은 토르시 후작을 전 유럽에서 명성이 자자한 프랑스 외교관 퐁폰 드 벨리에브르Pomponne de Bellievre의 딸과 혼인시켰다. 이후 부친 자리를 물려받은 토르시 후작은 이런 게 진정한 시너지 효과라는 걸 보여주려는 듯이 장인과 함께 프랑스 외교의 쌍두마차로 활약했다.

비즈니스 세계에서 그렇듯이 귀족의 혼인에는 계약서가 빠질 수 없었다. 오늘날 결혼계약서를 작성하는 커플이 있다면 세간의 화젯거리가 되겠지만 귀족사회에서 혼인계약서 작성은 필수 절차였다. 혼인을 통한 결속과 동맹 그리고 무엇보다도 상속과 지참금 등 재산의 이동은 명시적 증거를 남겨야 했다. 그리하여 두 집안의 결합을 공식화하고자 양피지에 결혼계약서가 작성되었고 집안 어른들이 가문의 인장을 찍었다. 계약서는 지참금을 가져온 신부에게도 중요했는데, 이로써 남편 사망 시 자신이 가져온 지참금과 처녀 시절의 재산에 대한 처분을 보장받았기 때문이다.

결혼이 비즈니스로 인식된 것은 19세기 영국에서도 마찬가지였다. 다시『오만과 편견』을 펼쳐보자.

그가 지금 정성을 들이는 숙녀의 가장 큰 매력은 갑작스레 1만 파운드 재산을 얻었다는 것이었다. 하지만 엘리자베스는 위컴의 일을 샬럿의 경우처럼 똑바로 바라보지 못했기에, 재산을 원하는 그의 소망을 나무라지 않았다. 오히려 더없이 자연스런 일이라고 여겼다.[28]

키티하고 리디아는 그 사람 일(위컴의 변심-필자)로 저보다 더 슬퍼하고 있어요. 둘은 아직 어려서 세상 이치를 모르고, 잘생긴 남자도 못생긴 남자하고 똑같이 먹고살아야 한다는 어쩔 수 없는 현실을 받아들이지 못하니까요.[29]

수입, 지위, 재정적 독립은 특히 귀족 집안의 차남들에게는 최대 관심사였고, 그래서 독립적 수입을 확보하고 사회적 지위를 유지하려면 귀족의 차남은 여성이 아닌 돈과 결혼해야 했다. 차남보다 덜 절박했겠지만 결혼이 돈 문제라는 사실은 장남에게도 크게 다르지 않았다.

✦ 결혼과 사랑을 분리하는 시대

그렇다면 비즈니스 결혼으로 맺어진 귀족 부부는 행복했을까? 따지고 보면 행복이란 주관적이고 또 어제 다르고 오늘 달라지는 게 감정인지라 행복도를 측정한다는 게 무의미할 수도 있다. 하지만 타인의 속사정만큼 궁금한 게 없는지라 귀족 부부의 대략적인 모습을 상상해보자.

질문을 다시 던져보자. 중세와 근대 초의 귀족 부부는 서로 사랑했을까? 사랑의 개념이 시대에 따라 다를 테고, 또 늘 예외가 있게

피에르 미냐르가 그린 맹트농(프랑수아즈 도비네) 후작부인(1635~1719)

마련이지만, 아무리 생각해도 서로 사랑했을 가능성은 별로 없는 듯하다. 가족사 연구로 유명한 장 루이 플랑드랭을 따르면, 전통사회에서 남편과 아내의 관계는 지배와 복종의 관계에 가까웠다. 남편은 아내의 모든 것에 책임을 졌고, 구타할 권리와 의무가 있었으며, 식사 중인 남편 옆에서 아내가 대기하는^{waitress} 것은 낯선 모습이 아니었다. 이런 관계에서도 사랑이라는 감정이 싹틀 수 있을까? 역사가는 짓궂게도 사랑이 있었다면 그것은 가정의 울타리 밖에서 피어났다고 덧붙인다. 중세의 귀족들은 여기에 궁정식 사랑이라는 근사한 이름을 붙여주었다.[30]

근대 이전 부부관계에서 결혼과 사랑은 별개의 주제인 셈이다. 물론 서서히 변화가 진행되었고, 개중에는 정말로 서로 죽고 못 살 정도로 좋아한 관계가 없었다고 할 수는 없지만, '사랑=결혼'의 등식이 인정받기 시작한 18세기 이후다. 사랑과 결혼의 결합은 거의 낭만적 혁명이라 불릴 만한 사건이다. 이제 청춘 남녀는 사랑하는 사람을 만나 결혼하고 가정을 이루고 변함없는 애정을 나누기를 희망했다.『오만과 편견』속 여주인공의 능동적 행태는 비교적 근래에 나타난 남녀관계와 귀족사회에 침투한 새로운 결혼 문화, 사랑 없는 결혼을 불행으로 바라보는 새로운 태도를 보여준다.

17세기 말까지 귀족 부부의 관계는 친밀함과는 거리가 멀었다. 루이 14세의 정부였던 맹트농 후작부인의 가르침은 귀감이 될 만하다. 어린 시절을 가난하게 보낸 후작부인은 형편이 어려운 귀족 집안의 딸들을 위해 생시르 여학교를 설립했다. 그녀는 미래의 결혼을 상상하며 남편과의 알콩달콩한 관계를 꿈꾸는 철없는 소녀들에게 동등한 연인관계가 아닌 상전과 종의 관계에 가까운 부부관계의 냉혹한 현실을 일깨워주었다. 그녀가 보기에 아내의 삶이 제공하는 지루함과 짜증스러움은 엄격하고 까다로운 규율에 고통받는 학생의 삶보다 훨씬 더 가혹했다.

마지막으로 귀족 부부간 성생활에 대한 궁금증을 풀어보자.

기욤 드 로리스와 장 드 묑이 쓴 연애시 「장미 이야기Roman de la Rose」에 실린 삽화(13세기)

오랜 시간 도덕적으로나 문화적으로 가톨릭교회의 지배를 받아온 유럽 사회에서 성과 관련된 문제는 대체로 금기의 영역이었다. 육체적 쾌락은 거의 예외 없이 단죄의 대상이었고, 순결은 종교적 이상으로 우상화되었다. 인간이 육욕에 의해 태어나므로 죄악의 산물이라는 생각은 논란거리였지만, 부부간의 관계이든 매춘이든 남녀의 성관계는 기본적으로 죄악시되었다. 신학자와 교회법은 이러한 이데올로기를 확산하고 규범화했는데, 성 아우구스티누스는 "자신의 아내를 지나치게 사랑하는 남자는 간통죄를 범하는 것과 같다"고 가르쳤다. 11세기 독일에서 만들어진 법령을 따르면 '아내 또는 다른 여인과 개와 같은 자세로 결합했다면 빵과 물만으로 열흘간의 고행'을 할 것을 요구했다.

하지만 걱정할 필요는 없다. 다행스럽게도 유럽인은 귀족이든 농민이든 이런 교회의 가르침을 철저히 지키려 하지는 않았다. 정말 그랬다면 동 쥐앙이나 카사노바 같은 위대한 인물이 나타나지는 않았을 것이다. 중세의 궁정식 사랑이란 것도 플라토닉한 것과는 거리가 멀어서 결국 최종 목표는 숭배하는 여성을 육체적으로 정복하는 것이었다. 정념을 다스리려는 수도사의 채찍 이면에는 성과 사랑 이야기로 킬킬거리는 사람들이 있었다. 성행위를 직설적으로 표현하기는 어려웠으므로 '성을 차지하다', '술통을 따다', '문을 부수다', '자고새를 잡다'와 같은 은유적인 표현을 썼을 뿐이다. 이러한 표현이 아내를 향한 것이 아님은 당연하다. 귀족 부부간 성관계는 기본적으로 자손, 특히 아들을 출산하려는 일종의 노동으로 여겨졌다.

이러한 표현이 암시하듯이 성행위에서 귀족 남녀는 결코 평등하지 않았다. 순결과 정절의 의무는 남성보다는 여성의 몫이었다. 게다가 여성은 남편의 성적 쾌락을 만족시켜야 한다는 의무를 요구받기도 했다. 18세기 루이 15세의 애첩 퐁파두르 후작부인은 국왕과 잠자리를 더는 갖지 못하는 건강 상태에 이르자 성도착자 애인을 위해 그 유명한 사슴 정원을 만들었다. 복잡한 사정이 있었겠지만, 어린 매춘부 양성소를 스스로 운영할 만큼 자기 애인의 성적 쾌락을 만족시키는 일은 매우 중요했다.

3

귀족 자녀들은
어떤 교육을 받았을까

우리나라에서 자녀 교육은 특별한 문제다. 돈이 될 만한 자원이 없는, 가진 거라곤 사람밖에 없다고 판단된 나라에서 성장과 발전을 위해 투자할 수 있는 분야는 인재 양성뿐이었다. 20세기 외국의 식민지배와 전란의 역사에도 불구하고 이 나라가 어느 정도 살만해졌다면, 그 일등공신은 단연 교육일 것이다. 여전히 교육 문제는 어린 자녀를 키우는 가정의 중대 관심사이고 문젯거리다. 심리학, 정신분석학 같은 다양한 학문 분야에서 지나치게 많은 훈수꾼이 자녀 양육과 교육에 대해 정보와 서비스를 제공하다 보니, 부모로서는 아이의 신체, 정신, 성 문제로 고민이 끊이지 않는다. 그런 점에서 보면 유럽 중세는 부모에게 편한 시기라고 해야 할까? 아동 교육이 따로 존재하지 않았기 때문이다. 젖을 뗀 아이는 귀족이건 평민이건 곧바로 어른의 동반자가 되었기 때문이다.

✦ 귀족의 자녀 교육은 뭐가 다른가

사실 르네상스 시대 이전까지 아동복은 존재하지 않았고, 크기만 작은 어른 옷이 있었을 뿐이다. 아동이 없으니 아동(전용) 교육이라는 개념도 없었다. 그렇다고 해서 자녀의 출세를 고민하지 않았던 것은 아니다. 중세 유럽의 귀족은 때로 무지하고 야만적이었지만 그렇다고 자녀를 가르치는 일에 완전히 무관심한 것은 아니었다.

부모라면 누구나 자기 지식을 자식에게 전수하려 할 테고, 이는 귀족도 마찬가지였다. "엄격한 미덕으로 가득한 환경에서 생활함으로써 아이들은 아버지로부터 위엄과 가문의 미덕을 배우기" 때문이다. 하지만 교육 방식은 그야말로 되는대로여서 가족 구성원에게서 읽기와 쓰기의 기초교육을 받거나 형편이 넉넉하면 가정교사에게서 교육을 받기도 했다. 훗날 프랑스 원수에 오르는 프랑수아 드 바송피에르 후작(1579~1646)이 어떤 교육을 받았는지 회고록을 살펴보자.

나는 1579년 4월 12일 로렌 지방의 아루에성에서 태어났다. 1584년 10월까지 이 성에서 살았는데, 그때 읽기와 쓰기 등 기초교육을 받기 시작했다. 가정교사는 노르망디 출신의 사제였다. 1584년 말 어머니가 프랑스로 가시면서 나와 내 동생은 수녀원장이신 이모님께 맡겨졌고 5개월간 그곳에 머물렀다. 1588년 우리 형제는 두 번째 가정교사와 함께 다른 두 명의 선생에게 맡겨졌는데 그들은 작문과 춤, 피리연주와 음악을 가르쳤다.[31]

이후 후작은 독일과 이탈리아 그리고 프랑스 전역을 여행하며 견문을 넓혔다. 여행은 당시 귀족들에게 교육과정의 마침표처럼 여겨졌으며, 훗날 그랜드 투어로 발전했다.

귀족의 교육은 지식 습득 이전에 도덕과 신체의 통제를 강조했다. 특히 몸가짐과 예술적 소양이 가장 중요한 분야였는데, 이 두 과목이 사회적 차별의 표식이었기 때문이다. 궁전 출입이 잦았던 바송피에르 가문에서는 아이들이 교양 있는 궁정인이 될 수 있도록 춤과 음악 교육에 각별한 주의를 기울였다. 부이용 백작도 열두 살 때부터 궁정 생활에 정통한 한 귀족 여성에게 궁정에서 필요한 예법을 배웠다. 물론 모든 귀족이 섬세한 교육을 받을 수 있었던 것은 아니다. 가난한 귀족의 자제들은 때로 밭일도 감수해야 했다.[32]

특별한 분야의 개인교사를 채용하는 것은 소수에게만 허락된 일이었다. 대부분 지방 귀족들은 마을의 교구 사제를 개인교사로 고용하는 일이 많았는데, 영향력 있는 부모는 주교를 설득해 아이들에게 필요한 라틴어와 문법을 가르칠 능력을 갖춘 사제를 자신의 교구에 파견해 달라고 요청하기도 했다. 18세기까지 귀족 교육은 주로 성직자가 담당했고, 그 결과 아동의 도덕과 종교 교육이 강조되었다.

교육과 출세를 위해 다른 귀족 가문의 집에 아이를 맡기는 경우도 많았다. 이것이 입 하나 줄여보자는 것은 아니어서 형편이 나쁘지 않은 고위 귀족들도 곧잘 자식을 다른 귀족의 집에 보내버렸다. 그렇게 블레즈 드 몽뤼크는 로렌 공작의 시동으로 자랐고, 부이용 백작은 열 살이 되던 해에 프랑스 왕 앙리 2세의 막내아들 시동으로 보내졌다.

그러다 보니 아주 이른 나이에 군 생활을 시작하기도 했다. 몽바리 남작(1732~1796)은 열두 살에 군복무를 시작했다. 남작의 부친은 자기 친구 휘하 연대에 장교 자리를 마련해 주었고, 이제 막 읽기와 쓰기를 마친 몽바리는 개인교사를 대동하고 전장으로 나갔다. 그는 열세 살에 대위가 되었고, 2년 뒤에는 원수의 부관이 되었다. 몇 년 뒤 파리로 돌아온 그는 투르농 아카데미에서 정식으로 승마를 배웠다.

블레즈 드 몽뤼크(1502~1577).
검은 점들은 전투에서 입은 상처다.

프랑스의 유명한 방계 왕족인 콩데 공(1621~1686)의 교육과정을 따라가 보자. 그는 다섯 살이 되던 해에 첫 개인교사에게서 라틴어 수업을 받기 시작했다. 여덟 살이 되자 예수회 교단의 콜레주[33]에 입학했고, 열네 살에 콜레주를 떠나 개인교사를 고용하여 법학을 공부하고 다시 1년 뒤에는 유명한 귀족 학교인 플루비넬 아카데미에 입학해 승마와 무기 사용법, 춤, 수학, 예술과 축성기술, 그림, 음악 등을 수학했다. 그리고 스물두 살이 되던 해에 콩데 공은 로크루아 전투(1643)에 참가해 무공을 세웠다. 콩데 공의 군사적 천재성을 검증할 수는 없지만 최소한 그가 받은 교육이 어느 정도 효과를 거뒀다고는 생각할 수 있다.

✦ 교육열의 증가와 전문 교육기관의 등장

17세기 이후 콜레주와 아카데미는 귀족 자녀들을 위한 주 교육기관이었다. 콜레주는 귀족 외에 부유한 평민의 자제들도 받아들였다. 신분 상승을 바라는 부르주아들이 비싼 학비를 내며 자식들을 콜레주에 입학시켰다.

콜레주에서 학생들은 육체노동을 무시하도록 배우는 동시에 전통적인 귀족의 무위도식하는 삶도 거부하도록 배웠다. 어린아이들은 부모와 10여 년간 떨어진 채 바깥세상과 격리되었다. 이로써

투르네의 예수회 콜레주

콜레주의 학생들은 또래 아이들보다 독립이 늦어졌는데, 전근대 시기에 아동은 일곱 살에서 열네 살 사이에 이미 성인 세계로 진입했기 때문이다. 유년기에 아동은 결혼할 수도, 주교가 될 수도, 왕위에 오를 수도 있었다. 반면 열일곱 살까지 콜레주에 갇혀 성장한 아이들은 스무 살이 되어서야 성인으로 취급받기 일쑤였다.

    일찍부터 인생이 꼬여 콜레주 기숙생의 운명을 걷게 된 아이의 일과를 살펴보자. 콜레주 학생은 5시에 기상하여 6시에는 미사를 보고 간단한 아침 식사 후 세 시간 동안 수업을 받는다. 11시에 점심

식사를 하지만 이 시간에도 엄격한 규율을 지켜야 한다. 식사 시간은 대개 심각한 내용의 강독을 듣는 시간이다. 12시가 되면 다시 오후 수업이 시작된다. 한 시간의 수업이 끝나면 오락과 독서 그리고 개인적 연습 시간이 주어지고, 3시에 다시 수업이 시작되어 5시에 마친다. 기숙생이 아닌 학생들은 숙제를 가득 안고 귀가하지만, 기숙생은 자기 방으로 가서 복습하고 7시에 저녁을 먹은 다음 8시에 야간 수업을 받고 9시에 취침한다.

학생들이 배워야 한 과목 중 가장 중요한 것은 언어 교육이었다. 특히 라틴어가 가장 중요했다. 키케로와 오비디우스, 베르길리우스 등 듣기만 해도 어지러운 고전들이 핵심 교재였다. 라틴어가 어느 정도 수준에 도달하면 그리스어를 공부해야 했다. 매일 한 시간씩 수학, 고대사, 철학 그리고 법학과 자연과학도 배워야 할 교과목이었다. 물론 프랑스어, 이탈리아어, 스페인어, 독일어, 영어의 교육도 흔한 일이었다.

귀족의 자제들만을 위한 전문 교육기관도 있었다. 이탈리아에서 처음 설립되어 유럽 각 나라로 전파된 승마 아카데미가 그것이다. 이 아카데미는 귀족을 위한, 귀족에 의한 귀족 전문 교육기관으로 국가의 후원을 받았고, 가난한 귀족에게는 장학금이 지급되기도 했다. 부유한 부르주아지의 등장으로 사회적 지위를 위협받고 있다고 느낀 전통적 귀족들은 자신의 신분을 강화하려는 의도를 숨기지 않았는데, 이에 따라 차별적 귀족 교육기관의 필요성이 제기되었다.

1600년에 출간된 『완전한 귀족』이라는 책을 보면, 귀족은 전사의 덕목과 학문적 소양을 닦아야 했다. 문무를 겸비하라는 주문인데, 승마 아카데미는 이러한 요구에 부응하려고 만들어졌다.

프랑스에서 최초의 승마 아카데미는 앙투안 플루비넬이 1594년 설립했다. 이 새로운 교육기관은 새로운 유형의 귀족적 모델을 만드는 데 크게 공헌했다는 평가를 받았다. 이 모델은 용맹함과 더불어 지적 소양을 강조함으로써 귀족의 전통적 이미지, 허영과 골 빈 머리라는 이미지를 떨쳐내려 했다.

물론 아카데미 교육과정에서 가장 중요한 과목은 승마였다. 전쟁에서 기병의 중요성은 과거에 비해 현저하게 약해졌지만, 말을 다루는 법은 여전히 귀족의 상징이었다. 승마 외에도 학생들은 수학과 문법 그리고 춤을 교습받았다. 춤 선생은 학생들에게 춤 외에 걷는 법, 인사하는 법을 가르쳤다. 1616년부터는 음악 교육도 추가되었다. 수학을 가르치는 것은 미래의 사업가를 키우려는 것은 물론 아니었다. 수학이 필요했던 가장 큰 이유는 축성이었는데, 요컨대 수학은 군사교육의 한 과정이었던 셈이다. 귀족들은 승마 아카데미를 수료한 이후에도 살롱에서 재교육 또는 일종의 평생교육을 받을 수도 있었다. 물론 아카데미와 같은 준공식적 기관은 아니었지만, 18세기부터 유행한 살롱은 새로운 지식과 문화의 보급소이자 교육기관 역할을 수행했고, 귀족의 상호 유대감을 강화하는 사교의 장으로 발전했다.

이러한 교육기관들의 발전은 자녀 교육에 대한 귀족들의 관심

앙투안 드 플루비넬의 승마 아카데미를 묘사한 그림

이 중대했음을 보여준다. 특히 18세기 이후 자녀의 교육 문제는 부모들의 가장 중요한 관심사로 부상했다. 어느 프랑스 귀족은 자신의 아내에게 편지로 '원하는 만큼 아이들을 교육할 수 없다는 죄책감'으로 괴롭다고 토로하면서, 아이들의 수준을 '그 또래에라도 맞출 수 있다면 마지막 남은 셔츠까지 팔겠다'고 다짐할 정도였다고 한다. 교육이 부족한 아이들이 무지하고 예의에 어긋한 행동을 일삼아 자칫 주변으로부터 모욕을 당하지 않을까 경계했다는 것이다. 이 귀족의 편지는 자녀 교육 문제에 놀라울 정도로 세심했던 한 가장의 모습을 보여주고 있다.

4

귀족은 무엇을 먹고 살았을까

먹기 위해 살든 살기 위해 먹든 삼시 세끼를 챙기는 것은 누구에게나 중요한 일이다. 귀족이 제아무리 고귀하다고 해도 이슬만 먹고 사는 존재는 아니며, 그들에게도 무엇을 어떻게 먹느냐는 꽤 중요한 문제였다. 이는 단순히 맛이나 영양의 문제가 아니었으며, 다시한번 다름의 문제가 제기된다. 귀족의 식탁은 평민의 식탁과는 달랐고 또 달라야 함을 요구받았다.

✦ 귀족의 식탁을 특별하게 만드는 것

다르기 위한 귀족의 식탁에서는 무엇이 중요했을까? 음식의 맛을 이야기하기는 좀 곤란하다. 사람이 느끼는 맛은 생래적이라기보다 문화적으로 만들어진 것이어서 중세 귀족들의 음식을 놓고 맛있다 아니다를 판단하기는 어렵기 때문이다. 물론 설탕이 도입되기 전에는 꿀과 같은 식재료가 귀했으므로 단맛은 귀족이 즐기는 음식의 기준이 될 수도 있겠다. 하지만 이 단맛조차 결국 차별화하려는 재료였다고 보는 게 맞을 것이다. 음식의 재료이든 요리의 모양이든 또는 양이든, 상차림은 귀족의 신분 차이를 시각적으로 극명하게 드러내는 기회가 되었다. 성대한 축제와 연회는 귀족에게 자신의 재력을 과시할 완벽한 기회였으므로 각종 푸드 스펙터클이 연출되었다. 결혼식, 동맹, 승전, 출생 등 중요한 사건이 있을 때마다 열린 연회는 주최자의 사회적 서열과 재력, 위신을 드러내는 시간과 공간이었다.

15세기 잉글랜드에서 에드워드 4세 시절에 열린 팡타그뤼엘식 연회를 살펴보자. 베드퍼드 공작은 요크 대주교의 취임을 기념하려고 축하연을 열었다. 이 연회를 위해 밀 4,000킬로그램, 맥주 300통, 포도주 100통, 향료를 넣은 포도주 1통, 황소 104마리, 들소 6마리, 양 1,000마리, 송아지 304마리, 돼지 304마리, 백조 400마리, 거위 2,000마리, 수탉 1,000마리, 새끼돼지 2,000마리, 물떼새 400마리, 메추라기 1,200마리, 목도리도요새 2,400마리, 공작새 104마리,

들오리와 상오리 400마리, 두루미 204마리, 새끼염소 204마리, 암탉 2,000마리, 비둘기 4,000마리, 산토끼 4,000마리, 알락해오라기 204마리, 왜가리 400마리, 꿩 200마리, 자고새 500마리, 뇌조 400마리, 마도요새 100마리, 백로 1,000마리, 사슴과 노루 500마리가 식재료로 준비되었다. 이걸로도 모자라 사냥터에서 잡은 고기로 요리한 파테 4,000개와 여러 색상의 찬 요리 1,000접시, 한 가지 색상의 찬 요리 3,000접시, 찬 과일파이 4,000개, 크림 요리 3,000개, 곤들매기 600마리, 잉어 800마리, 돌고래와 바다

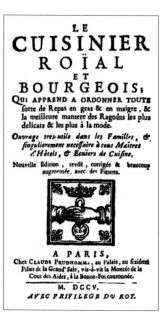

프랑스 요리사 프랑수아 마시알로가 쓴 『왕과 부르주아의 요리사Le cuisinier royal et bourgeois』 표지.
그는 왕실 인사 및 귀족 등의 식사를 담당했다.

표범 6마리 그리고 엄청난 양의 양념류와 설탕, 와플이 추가되었다.

이보다 규모가 훨씬 더 큰 연회가 수없이 많았으니, 이 어마어마한 양에 벌써 놀랄 필요는 없다. 이 축하연에는 잉글랜드의 대귀족들과 귀부인, 고위성직자, 정부 관리와 법률가, 요크시의 종교계와 사회 명사들, 지방 귀족과 시골 신사 412명과 부유한 자영농들이 초대되었고, 이들의 식사를 시중들 하인과 지배인 1,000여 명, 요

리사 177명이 고용되었다. 총 2,500명가량의 인파가 성안의 홀과 침실, 작은 방들, 회랑 그리고 부엌에 차려진 수많은 식탁 주변을 에워쌌다.

이런 유형의 향연은 미각 수준의 문제보다는 엘리트층의 사회적 권위의 존재 방식을 보여준다. 흔히 중세에는 음식의 양이 질보다 중요했고 근대에 이르러 적당한 양에 세련된 질과 맛이 우세해졌다는 견해가 지배적이지만, 중세 이후 귀족 연회를 보면 꼭 그렇지만도 않은 것 같다. 식탁이 요리 접시들로 뒤덮이고 온갖 종류의 구운 고기들이 산더미처럼 쌓인 큰 접시가 연이어 나오는 연회는 17~18세기에도 드물지 않았기 때문이다. 1691년에 프랑수아 마시알로가 출간한 『왕실과 부르주아의 요리사』라는 책에는 1690년 12월 27일 오몽 공작이 주최한 연회의 메뉴가 실려 있다. 첫 번째 순서에서 수프 16종과 앙트레 13종, 오르되브르 28종이 나오고, 두 번째 순서로 구운 고기 16종과 앙트르메 13종 그리고 오르되브르 28종이, 그리고 마지막으로 디저트 57종이 제공되었다. 회식자 46명을 위해 요리가 총 171종 준비된 셈이다.

귀족들은 드물고 진기한 음식을 즐겼고, 손님들이 탄성을 지르는 식탁을 준비했다. 때로는 맛이나 영양보다 시각적 효과가 더 중요했다. 영미권 아이들이 즐겨 부르는 동요 「6펜스의 노래」는 시각적 효과를 노린 귀족의 요리를 소재로 했다.

6펜스의 노래를 부르자, 호밀이 주머니 한가득.

24마리 지빠귀가 파이 속에 구워졌네.

파이가 열리자 새들이 노래하네.

왕에게 내놓을 맛있는 음식이 아닌가?

Sing a song of six pence, a pocket full of rye

Four and twenty blackbirds baked in a pie

When the pie was opened, the birds began to sing

Wasn't that a dainty dish to set before the King?

가사에 등장하는 구워진 파이 속 24마리 지빠귀의 정식명칭은 대륙검은지빠귀이다. 16세기 프랑스 요리에는 코스 요리 사이에 앙트르메[34]가 제공되었는데, 이때 새로운 요리가 등장하곤 했다. 그중 하나가 바로 24마리 검은지빠귀파이다. 이 요리는 속이 빈 커다란 파이

파이에 구운 검은 새 24마리.
동요「6펜스의 노래」를 묘사하고 있다.

를 굽고 그 안에 살아 있는 검은지빠귀 24마리를 넣은 후 다시 파이

반죽을 덮어서 내놓는다. 이 요리의 핵심은 세 번째 구절 "파이가 열리자 새들이 노래하네"에 있다. 정확한 요리법은 알 수 없지만 테이블 위에 올려진 파이의 껍질을 갈라 열면 여전히 살아 있는 새들이 지저귀며 날아올랐다. 결국 살아 있는 새들을 파이 반죽 안에 가두는 과정이 레시피의 핵심인 셈인데, 한두 마리라면 모르겠지만 24마리를 반죽 안에 산 채로 가두기는 쉽지 않은 일이었을 것이다.

검은지빠귀파이 외에 물 위에 떠 있는 작은 배 안의 '백조 탄 기사' 모양을 한 케이크부터 야만족의 침입을 받은 사라센의 탑이나 용의 발톱으로부터 동정녀를 구출해 내는 성 조르주케이크, 용을 가죽끈으로 묶고 있는 성녀 마르타 설탕 조각, 수탉을 요리해서 멧돼지새끼 등에 바느질로 매단 후 꼬챙이에 꿰어 구운 수탉-돼지구이에 이르기까지 귀족의 식탁을 장식한 앙트르메는 기상천외한 상상력을 구현하는 무대가 되었다.

✦ 식재료에도 엄연히 서열이 있다

시각적인 특수효과 말고도 귀족의 식탁은 평민의 식탁과 재료부터 달랐다. 예컨대 중세에는 하늘과의 거리에 따라 식재료 위계가 결정되었는데, 땅에서 자라는 채소는 등급이 낮은 식재료로 여겨져 가난한 농민의 몫이 되었다. 반대로 땅에서 멀리 떨어진 과일과 하늘을 나는 새는 귀족의 몫이었다. 농민의 주식은 곡물로 만든 빵이나 죽이었지만, 귀족은 흰 빵, 사냥으로 잡은 다양한 고기, 생선, 과일, 치즈를 주식으로 삼았다. 동방 교역으로 수입된 쌀, 바나나, 사탕수수는 당연히 귀족의 전유물이었고, 아랍에서 전수된 과일 절임도 귀족이 즐겨 찾던 음식이었다. 특히 향신료는 매우 중요한 식재료였다. 아시아에서 어렵게 들여온 계피, 생강, 사프란, 큐민, 후추 등은 비싼 가격에 거래되어 귀족의 식탁에 올랐다. 그중 후추는 유럽인들이 가장 많이 찾던 기호품으로 귀족들은 식후에 통후추를 씹어 먹었다.

젤리나 파이, 튀김과 스튜 요리와 더불어 고기 요리는 단연 귀족 식탁의 메인이었는데, 다양한 종류의 고기가 활용되었다. 물개, 고래와 같은 희귀한 고기부터 멧돼지, 사슴, 토끼, 비둘기, 메추리, 자고새, 꿩, 참새, 종달새, 야생 오리 등이 귀족의 식탁 위에 올려졌다. 육류를 선호하는 전통은 매우 오래 지속되었다. 18세기 초 프랑스 보르도의 고등법원장 라 트렌M. de La Tresne이 지역 귀족들을 초대하여 벌인 연회에서는 55가지 요리 중 34가지가 고기요리였다. 특히 부드러운 고기를 선호해서 어린 비둘기, 새끼거위, 어린 토끼, 산토끼새끼 요리가 제공되었다. 개, 늑대, 곰, 고양이는 먹지 않았는데, 이는 교회가 잡식성 육류의 섭취를 금지했기 때문이다. 단 돼지는 예외인데, 이는 유대인과 무슬림이 돼지고기를 금기시한 것에 대한 반작용이었다.

이 재료들의 공통점은 모두 불치, 즉 사냥에서 얻은 고기라는 것이다. 사육된 가축으로 만든 요리는 귀족이 즐겨서는 안 되는 음식으로 간주되었다. 도살된 고기들은 수프나 긴 시간 끓인 음식, 다진 고기 용도로만 사용되었다. 17세기에 귀족들은 새끼돼지와 허벅지살, 비곗덩어리 외에는 돼지고기를 거의 구입하지 않았다. 버터 사용이 늘었음에도 돼지비계는 오랫동안 조리의 필수 요소였다. 돼지고기의 다른 부위들은 점차 햄과 소시지로 만들어져 17세기 후반에는 대부분 돼지고기 요리가 자취를 감추었다.

　　귀족에게 불치가 중요했던 이유는 이것이 사회적 위신의 상징이었기 때문이다. 사냥은 귀족의 전통적 특권이었다. 당대 요리책도 재료로 불치의 우수성을 예찬하며, 불치가 귀족의 속성에 어울린다고 평가했다. 귀족은 "자고새나 세련된 고기를 평민보다 더 많이 먹는다. 이러한 고기는 소와 돼지를 먹는 평민들보다 더 높은 지능과 더 유연한 감수성을 허락한다"라는 식이다. 귀족들은 불치가 전사의 힘과 정신을 자극한다고 여겼다. 사실 불치는 귀족이 소유한 장원에서의 특권과 직결되었기에 손님에게 불치고기를 제공한다는 것은 자신의 사회적 위신을 보여주는 행위이기도 했다.

✦　　고유한 맛을 살리는 레시피의 발달

　　고기의 종류와 더불어 조리법에서도 차별화가 시도되었다. 서

민층은 질 낮은 고기나 하급 쇠고기를 먹기 위해 양념을 많이 하는 경향이 있었다. 하지만 귀족들은 음식의 고유한 맛, 그러니까 진짜 고기 맛을 즐기기 위한 조리법을 선호했다. 그래서 고기는 고기대로 굽거나 삶고, 양념을 별도로 조리했다. 17~18세기의 귀족들은 양고기든 비둘기든 지나치게 익은 고기를 배제한 채 '레어' 또는 '미디엄 레어' 정도의 굽기를 선호했고, 조미를 많이 하지 않고 고기의 육즙을 즐겼다.

물론 향신료가 거부된 것은 아니다. 계피, 생강, 사프란, 겨자, 후추, 정향 등 많은 향신료가 이용되었다. 가장 잘 알려진 소스는 빵가루, 신 포도주, 파슬리, 생강, 식초로 만들어진 초록빛의 소스(일종의 치미추리 소스)였는데, 신맛을 낼 때는 아직 익지 않은 신 포도 착즙액을 이용했다.

고기 외에 귀족을 차별화하는 음식은 빵이었다. 먹는 빵의 색깔로 신분을 구별할 수 있다는 이야기가 있는데, 이는 밀가루의 제조 과정 때문이다. 밀 껍질을 벗기면 일단 누런색 알곡이 나오는데, 이 알곡을 갈아 여러 번 체로 쳐야만 하얀 밀가루가 나왔고, 흰 빵을 구울 수 있었다. 당연히 흰 빵을 얻는 데는 노동력이 많이 들어갔고 그만큼 가격도 비쌌다. 그래서 흰 빵은 높은 신분의 상징으로 여겨졌고, 그에 반해 하층민은 주로 갈색 빵을 먹었다. 귀족과 농민이 먹는 빵의 또 다른 차이는 단단함이었다. 귀족의 빵은 부드러운 반면, 농민의 빵은 단단했다. 하층민은 밀 외에 호밀, 귀리, 도토리 등으로도 빵을 만들었는데, 이런 빵은 효모를 넣어도 잘 부풀어 오르지 않았다.

✦ 완벽한 식탁에 빠질 수 없는 와인과 장식

식사에는 와인이 빠질 수 없었다. 하지만 유럽의 귀족들이 모두 와인을 마실 수 있었던 것은 아니다. 포도 재배의 북방한계선 너머에서는 와인이 귀한 만큼 당연히 비쌌다. 산화를 방지하는 수단이 없던 시대에 오래된 와인은 식초나 다름없었다. 포도 재배의 북방한계선 너머에서는 맥주를 마셨다. 물은 대체로 마시기 힘들 정도로 탁한 데다 온갖 질병의 원인으로 여겨졌기에 와인과 맥주가 물을 대체했다. 와인을 1인당 2~3리터 마시는 경우도 있었는데, 이는 아마도 알코올의존자(중독자)를 주기적으로 양산했을 것이다. 참고로 이 시기 인간의 평균수명은 30대를 넘지 못했다.

쉽게 구하지 못하는 재료 또는 사회 신분에 어울리는 식재료에 요리사의 창의성이 추가되었다. 젤리나 커스터드는 화려한 색으로 장식되었는데, 붉은색을 위해서는 백단향나무, 노란색을 위해서는 사프란, 검은색을 위해서는 선지가 이용되었다. 하지만 시각적으로 가장 놀라운 것은 소틸티sotiltees라고 불린 설탕 조각이었다. 이 조각은 성이나 배 또는 유명한 인물의 모습으로 만들어지곤 했는데, 주

145

로 식사 시간이 임박했음을 알리는 역할을 했다. 르네상스 시대 이후 이 설탕은 귀족 식탁에 중요한 변화를 가져왔다. 귀족의 전유물이었던 값비싼 설탕이 손님을 놀라게 하려고 정말이지 어마어마한 양 사용되었다. 오스트리아 슈트루델에서 이탈리아 소르보까지 달콤한 디저트가 개발되었고, 심지어 고기요리도 달았다.

먹는 것 못지않게 식탁 장식도 중요했다. 귀족의 식탁은 대개 사각판 여러 개로 구성되어 따로 분리해서 쉽게 이동하거나 그 크기를 변경할 수 있었다. 식사 장소는 호스트의 기분에 따라 또는 손님 수에 따라 바뀌었다. 일단 테이블이 세팅되면 테이블보와 냅킨이 놓였는데, 보르도의 한 귀족이 남긴 재산목록에는 냅킨 800개, 식탁보 100개가 기록되어 있다. 흰 식탁보 위에 은식기가 놓였기에 귀족들은 재산 정도에 따라 많은 은제품을 보유했다. 17세기 말 보르도 고등법원의 수석 판사 아르노 드 퐁탁Arnaud de Pontac은 집에 은식기를 85.5킬로그램 가지고 있었다. 특이한 것은 이 시기까지도 개인용 칼과 포크는 드물어서 대부분 식기는 접시와 잔들이었다.[35]

✦ 차별화된 요리로 자기 가치를 높이다

귀족은 음식을 이용해 부지런히 자신을 차별화했다. 질 낮은 맛과 식습관을 부르주아와 하층민의 것으로 여기고, 늘 기존 요리법을 대체하는 새로운 요리를 추구했다. 때로 새로움을 위해 예상 밖의 카드가 던져지기도 했다. 칼보다는 손으로 빵을 자르는 것은 소박한 체하려는 우아한 귀족의 모습이었다. 음식 재료에서도 동방의 양념 대신 토착적인 풀과 향을 선택했다. 전통적으로 농가에서 사용되던 버터가 애용되었고 사냥한 고기를 포기하고 고기 맛을 중시하는 태도가 유행했다. 벼락 출세자들은 유서 깊은 구귀족과 동등하게 사치를 누릴 수 있다고 믿게 된 순간 허를 찔린 셈이었다. 새로운 요리의 유행은 괴상하거나 도발적이지 않았다. 송로와 같이 새로 유행한 음식들은 매우 비싸고 희귀했기 때문이다. 중요한 점은 요리가 끊임없이 새로워졌으며 새로운 유행을 창출할 힘이 대귀족과 그들의 요리사에게 남아 있었다는 사실이다.

귀족의 요리사로 역사에 이름을 남긴 한 인물을 살펴보자. 프랑수아 바텔은 스위스 출신의 요리사로 루이 14세의 재무총관인 푸케의 요리사였다. 1661년 루이 14세가 초대된 보르비콩트성의 연회 요리를 준비한 당사자이기도 하다. 태양왕에게 밉보인 푸케가 숙청당하자 요리사는 영국으로 도피했지만 바텔의 뛰어난 요리 실력을 알아본 콩데 공작의 요청에 따라 샹티이성의 요리사로 귀환했다. 그가 개발한 디저트 중 이 성의 이름을 딴 것이 크렘 드 샹티이다. 프롱드의 난에 가담한 이후 국왕의 눈 밖에 났던 콩데 공은 1671년 루이 14세와 베르사유 궁정인들을 샹티이성으로 초대해 만찬을 제공하면서 국왕과 관계를 개선하려고 시도했다. 프랑수아 바텔은 루이 14세를 위해 성찬을 준비하라는 지시를 받고, 12일간 밤을 새워가며 수백 명분의 진수성찬을 마련했다. 그러나 연회 당일 고기 두 조각이 모자랐다. 그는 친구에게 "내 명예는 끝장났어. 정말 참을 수 없는 치욕이야"라고 한탄했다. 그리고 다음 날 아침에 또다시 주문한 생선이 도착하지 않자 결국 식칼로 자기 가슴을 찔렀다. 그의 시신을 싣고 교회로 향하는 수레 맞은편 길로 주문한 생선을 실은 수레가 달려오고 있었다.

훌륭한 요리사 또는 값비싼 고급 요리를 이야기할 때 코르동 블뢰cordon bleu라는 표현을 쓰고는 한다. 직역하면 파란 리본이라는 뜻이다. 코르동 블뢰의 역사는 16세기 프랑스의 앙리 3세가 창건한 성령기사단Ordre de Saint-Esprit에서 시작된다. 성령기사단의 단원들은 파란색 리본으로 장식된 몰타 십자가를 착용했다. 기사단은 정기적으로 모이면서 잘 먹고 잘 마시는 관행을 발전시켰는데, 이때부터 파란 리본과 요리가 연결되었다. 몰타 십자가는 1802년 나폴레옹이 레지옹도뇌르로 교체했지만, 파란 리본은 다양한 분야의 최고 전문가들에게 부여되는 영예의 상징이 되었다. 코르동 블뢰라는 단어가 요식업계에 도입된 것은 마르트 디스텔

흰독수리 훈장을 단 코르동 블뢰

Marthe Distel이라는 언론인이 1895년에 창간한 『코르동 블뤼의 요리La Cuisiniere Cordon Bleu』라는 잡지 덕분이다. 이 잡지가 대중적으로 큰 성공을 거두면서 얼마 후 코르동 블뢰라는 요리전문학교가 생겨났고, 코르동 블뢰는 프랑스 요식업을 대표하는 고유명사가 되었다.

5

| 영국 귀족 엿보기 1 |
『오만과 편견』과 〈다운튼 애비〉

영국이라는 섬나라의 귀족은 여러 면에서 특이했다. 느낌은 다르겠지만, 21세기에도 영국에는 귀족이 버젓이 살아 있다는 것이 가장 흥미로운 점이리라. 이를 좀 더 자세히 알아보자.[36]

✦ 아직도 사용 중인 영국 귀족의 호칭

2020년 1월 영국 찰스 왕세자의 차남인 헨리 왕자와 그의 부인 메건 마클은 왕실의 주요 의무에서 한 걸음 물러나겠다고 선언했다. 이때 헨리 왕자의 공식 호칭은 서식스 공작, 덤버턴 백작, 킬킬 남작 전하였고, 메건은 서식스 공작부인 비전하妃殿下였다. 헨리 왕자의 세 작위는 결혼식 날 아침에 엘리자베스 여왕이 수여한 것으로, 이 중 서식스 공작은 정식 작위이고 나머지는 부차적 작위다.

서식스 공작 작위는 1801년 조지 3세의 여섯 번째 아들인 어거스터스 프레데릭 왕자를 위해 창설되었다. 부차적 작위인 덤버턴 백작은 스코틀랜드 작위로 1675년에 창설되었으나 1749년 상속자가 없어서 사라져버린 작위다. 킬킬 남작은 북아일랜드의 작은 항구에서 유래한 작위로 헨리 왕자에게 북아일랜드 작위를 수여하려고 새로 만들었다.

'전하', '비전하'는 왕실에서 사용되는 호칭이다. 헨리 왕자의 모친 프린세스 다이애나는 찰스 왕세자와 결혼했을 때 프린스 오브 웨일스 비전하Her Royal Highness The Prince of Wales라는 칭호를 받았지만, 1996년 이혼한 이후 '비전하'라는 칭호를 사용할 수 없게 되어 '다이애나, 프린세스 오브 웨일스'로 불렸다. 프린세스는 유지되었지만 더는 왕실에 속하지 않기 때문에 형용사 로열Royal은 사용할 수 없었다. 다이애나 사후에 찰스 왕세자와 결혼한 카밀라의 정식 호칭은 프린세스 오브 웨일스 비전하이지만, 카밀라는 이 칭호를 일부러 사용하지 않고 콘월 공작부인 전하로 불렸다. 콘월 공작은 찰스 왕세자의 부차적 지위로, 카밀라는 사고로 죽은 다이애나에 대한 경의의 뜻으로 프린세스 오브 웨일스라는 칭호를 사용하지 않기로 했다.

잉글랜드 북부 더비셔에 채스워스하우스라는 광대한 저택을 소유한 제12대 데번서 공작 페레그린 캐번디시Peregrine Cavendish, 12th Duke of Devonshire는 2004년 부친이 작고한 후 작위를 물려받았다. 그 전에는 하팅턴 후작이라는 의례상 작위를 갖고 있었다. 이 작위는 그의 부친이 1950년에 제11대 데번서 공작이 되었을 때 아직 여섯 살이던 페레그린에게 수여한 것이다. 사실 페레그린의 부친인 앤드루 캐번디시는 제10대 공작의 차남으로 태어났다. 차남이므로 예의상 작위가 아니라 차남 이하에게 수여되는 로드Lord라는 칭호를 붙여 로드 앤드루 캐번디시로 불렸다. 그러나 형이 1944년에 전사하면서 작위를 물려받아 앤드루에게는 하팅턴 후작이라는 예의상 작위가 수여되었고, 앤드루가 공작이 되자 그의 장남 페레그린이 하팅턴 후작이 된 것이다. 사전에 호칭에 대한 정보를 안내받거나 친족이나 족보 전문가가 아니고는 데번서 공작을 어떻게 불러야 할지 아는 사람은 거의 없을 것이다.

영국에서 귀족에 대한 칭호는 그 사람이 공작·후작·백작·자작·남작의 장남인지, 차남 이하의 아들(영거 선)인지, 그 아래 작위를 가진 집안의 아들인지, 귀족의 딸인지, 아내인지, 이혼한 아내인지를 알려준다. 정식 작위와 예의상 작위도 알 수 있는데, 정식 작위에는 '더The'라는 관사가 붙는 반면, 예의상 작위에는 이것이 붙지 않는다.

✦ 영국 귀족이 사용한 칭호의 비밀

『오만과 편견』의 인물들을 살펴보자. 잉글랜드 남부의 한 마을에서 사는 주인공 엘리자베스 베넷의 아버지는 칭호는 없지만 수입이 꽤 많은 지주다. 이 집안에는 딸만 다섯 명 있고 아들이 없었으므로 한사상속제도[37]에 따라 토지와 저택은 친척 중 가장 가까운 남성에게 상속될 예정이다. 엘리자베스의 상대역 다아시는 대지주로 작고한 모친 레이디 앤은 백작의 딸이고 이모 레이디 캐서린은 서 루이스 드 버그와 결혼했다. 레이디 캐서린은 재산이 상대적으로 적은 베넷가를 무시하지만 그렇다고 사교가 불가능할 정도로 차이가 나는 것은 아니다.

레이디 앤과 레이디 캐서린에게 레이디라는 칭호가 붙는 것은 두 사람이 백작의 딸이기 때문이다. 예의상 칭호로 남성은 로드, 여성은 레이디가 된다. 이 칭호는 상당히 복잡해서 작위에 따라 달라진다. 딸의 경우 공작과 후작, 백작의 딸은 레이디이지만 자작과 남작의 딸에게는 '디 어너러블The Honourable'이라는 칭호가 붙는다. 아들의 경우에는 공작, 후작, 백작의 장남과 그 아들 그리고 공작과 후작의 차남 이하 아들에게 로드라는 칭호가 부여되지만 백작의 차남 이후 그리고 자작과 남작의 아들에게는 '디 어너러블'이 붙는다. 다아시의 부친은 작위가 없었으므로 레이디 앤은 원래 미세스 다아시여야 하지만 결혼해도 예의상 칭호를 사용할 수 있었다.

반면 '서Sir'는 세습귀족이 아닌 나이트에게 그리고 준남작에게 주어지는 칭호다. 나이트든 준남작이든 그 아내는 남편의 성 앞에 레이디를 붙여서 부른다. 레이디 캐서린은 서 루이스 드 버그와 결혼했으므로 레이디 드 버그라고 해야 하지만, 백작의 딸이라는 의례상 칭호가 있기에 결혼 후에도 그리고 미망인이 되어서도 레이디 캐서린이라고 불린 것이다. 복잡하다고 실망하지는 말자. 영국 귀족의 칭호에 관한 세부 규칙을 다 꿰고 있는 사람은 영국에서도 극소수에 지나지 않는다.

영국 귀족과 대륙 귀족의 가장 큰 차이점은 작위가 철저하게 단 한 명, 그러니까 대개는 장남에게만 계승되었다는 것이다. 장남이 가족의 작위와 재산을 독식하다 보니 차남 이하의 신세는 상대적으로 처량해진다. 제2대 리즈데일 남작2nd Baron Redesdale의 딸로 귀족의 삶과 문화를 풍자해 인기를 모은 작가 낸시 미트퍼드는『영국의 귀족』에서 차남들에 대해 이렇게 설명했다.

> 유럽 대륙에서 차남과 그 자손들은 모두 백작과 남작이지만 영국의 차남들은 작위도 없고 만찬장에서도 가장 아랫자리에 앉는다. 재산을 물려받은 유복한 귀족의 차남들도 겨우 생활할 수 있는 정도에 그칠 뿐이다.[38]

차남 이하의 아들들을 의미하는 영거 선younger son이나 카데트cadet는 그래서 특별한 의미를 가진다. "그 사람은 좋은 사람이지만 영거 선이야"라는 문장은 단순히 차남이나 삼남을 뜻하는 것이 아니라 작위도 재산도 상속받지 못하는 불리한 처지에 있는 아들에 대한 연민, 동정, 멸시의 의미를 함축하고 있다. 이들은 장남과 똑같은 교육을 받지만 성인이 되자마자 집에서 쫓겨나 자신의 힘으로 살도록 요구받았다. 토지 수익을 얻지 못하는 이상 영거 선에게 직업을 찾는 일은 매우 중요했다.

영국의 귀족에게 나타나는 또 다른 특징은 언어와 매너, 즉 귀족적 말투와 몸가짐이다. 발레 평론가 리처드 버클의 경우 아버지는 상인 집안에서 태어난 군인이었지만 어머니는 공작 가문 출신이었다. 아버지를 여의고 어머니 손에서 자란 버클은 자신이 받은 교육을 이렇게 회상했다.

> 어머니는 사람들에게 미움받지 않는 인간이 되기 위한 기본 규범을 가르쳤다. 냄새를 풍기지 않을 것, 안절부절하지 말 것, 말하는 상대에게 너무 가까이 다가가지 말 것, 극장에서 초콜릿을 먹지 말 것, 반지를 끼려거든 왼손 새끼손가락에 낄 것, 베스트의 가장 아래 단추는 채우지 말 것 등. 넥타이와 무늬가 같은 손수건을 가지고 있는 것은 소름 끼치는 일이라고 배웠다.[39]

낸시 미트퍼드를 따르면 귀족과 비귀족의 언어는 서로 달라서, 예컨대 비귀족은 자전거를 사이클cycle이라고 하지만 귀족은 바이크bike라고 한다. 식후에 먹는 단 음식은 스위트sweet가 아닌 푸딩이라고 부르고 거울은 미러가 아니라 루킹글래스looking glass라고 한다.

✦ 장자상속제와 가문의 유지

영국의 인기 드라마 〈다운튼 애비〉는 영국 귀족 삶의 단면을 보여준다. 시즌 1의 첫 에피소드는 1912년 4월에 시작된다. 타이타닉호가 침몰했다는 소식이 그랜섬 백작 로버트 크롤리의 저택 다운튼 애비에 도착한다. 그 배에는 그랜섬 백작의 사촌인 제임스 크롤리와 그의 아들 패트릭이 타고 있었지만 구조되지 못했다. 이 소식은 그랜섬 백작 부부와 장녀 레이디 메리에게 큰 충격을 안겨준다. 친하게 지냈던 친척을 잃었기 때문만이 아니라 제임스가 그랜섬 백작의 작위와 재산을 이어받을 상속자였기 때문이다. 백작에게는 아들이 없었으므로 가장 가까운 남자 혈육인 제임스가 상속인이 될 예정이었다. 그리고 제임스의 아들과 레이디 메리는 나이가 같았으므로 백작은 두 사람을 결혼시키려고 계획하고 있었다.

〈다운튼 애비〉는 픽션이고 등장인물들도 모두 실존 인물이 아니다. 그럼에도 이 드라마는 역사적 고증에 꽤 충실했다. 그랜섬 백작의 아내인 레이디 그랜섬은 미국인인데, 19세기 말부터 영국에서는 재정적 곤란에 빠진 귀족들이 저택과 토지를 보존하려고 미국 부호의 딸과 결혼하는 관행이 확산되었다(구대륙의 귀족과 신대륙의 신흥부호의 딸 사이의 결혼은 나중에 다시 설명할 기회가 있을 것이다). 그랜섬 백작은 재산 유지를 목적으로 미국 부호의 딸과 결혼했다. 그렇지만 백작 사후에는 작위와 저택, 토지, 아내의 지참금마저 딸이 아닌 다른 남자 상속인의 몫이 될 터이니 백작 부부만이 아니라 레이디 메리도 미래의 상속인이나 그 아들과 결혼하는 것을 희망했다.

장자상속제도로 말미암아 귀족의 친척 중에는 중산층 평민이 많았다. 이들은 직업에 종사해야 했고 중산층 배우자를 얻었다. 영어 표현 중 'The Heir and the Spare(상속자와 그 예비자)'라는 표현이 있다. 미국 부호의 딸로 제9대 말버러Malborough 공작의 부인이 된 콘수엘로 밴더빌트가 둘째 아들을 출산했을 때 쓴 표현이다. 귀족과 대지주에게는 장래 상속자가 될 아들이 필요한데, 장자에게 무슨 일이 생길 경우를 대비해 예비로 둘째 아들이 있는 편을 선호했다. 영국 추리소설에서 유산 상속을 두고 형제간에 치명적 갈등이 벌어지는 것도 이 때문이다. 장남과 차남의 상속 규모가 너무나 다르기 때문이다.

그래서 대륙의 귀족들과 비교해 볼 때 영국 귀족은 가문의 토지를 더 효율적으로, 더 공격적으로 지켜왔다고 볼 수 있다. 장남만이 작위와 저택, 토지를 상속받는 장자상속제와 더불어 아들이 없으면 가장 가까운 친척 중 남성 한 명이 상속받는 한사상속으로 가문의 재산이 분할되어 축소되는 것을 방지해 온 것이다. 19세기 유럽에서는 작위가 장남 이외의 아들들에게도 수여되어 귀족의 숫자가 증가했고 그에 따라 작위의 가치도 하락했다. 단순한 수요공급의 법칙이다. 토지와 재산도 대를 이어감에 따라 축소되었다. 그에 반해 영국의 귀족들은 차남 이하 아들들을 가차 없이 중산층으로 내려보내면서 배타성을 유지하고, 토지와 재산을 온전히 다음 세대로 넘길 수 있었다. 그리하여 유럽 내에서도 영국의 귀족 작위는 그 가치가 높았다. 미국 부호의 딸들이 결혼 상대로 특히 영국 귀족을 노린 것은 단순히 언어가 통했기 때문만은 아닌 것이다.

6

윌리엄 호가스의 연작 『요즘의 결혼』[40]

　　윌리엄 호가스William Hogarth(1697~1764)는 영국의 화가이자 사회 비평적 풍자화가이다. 1743년부터 1745년 사이에 그는 『요즘의 결혼Mariage a la mode』이라는 연작 여섯 편을 그렸는데, 이 작품은 현재 런던 국립미술관에 전시되어 있다. 이 작품에서는 귀족의 도덕적인 삶이라는 신화를 까발리고 중매결혼과 그 이후 결혼생활을 징그러울 정도로 잔인하게 풍자했다. 정교하게 기획된 이 연작은 〈혼인 합의〉, 〈나란히 앉은 부부〉, 〈검진〉, 〈아침 단장〉, 〈백작의 죽음〉, 〈백작부인의 죽음〉의 순서로 한 망나니 귀족의 정략결혼, 바람과 도박으로 얼룩진 엉망진창인 결혼생활, 치정에 따른 남편의 죽음과 뒤이은 부인의 비참한 자살에 이르기까지 돈과 사회적 신분 상승을 위한 정략결혼의 막장극을 보여준다.

✦ 정략결혼의 시작, 혼인 합의

여섯 명이 등장하는 첫 번째 그림은 혼인의 조건을 두고 줄다리기를 하는 양가 어른들과 막상 혼인에는 무관심한 정혼자들을 보여준다. 그림 오른쪽에는 스완더필드 백작이, 그 맞은편에는 부유한 상인이 앉아서 대화를 나누는 듯하고, 두 사람의 가운데에 한 인물이 서 있다. 상인은 부유하고 백작은 빚이 있지만 작위가 있다. 상인은 이 결혼으로 귀족 가문의 대열에 발을 담그고 싶어 하고, 백작은 돈 많은 사돈의 재산을 노린다.

통풍을 앓고 있는지 백작은 붕대를 감은 발을 낮은 발판에 놓고 앉아 있다. 백작은 왼손으로 가문의 가계도 속 노르망디 공작 윌리엄 1세를 자랑스럽게 가리키며 자기 가문의 고귀한 혈통을 과시한다. 빚더미에 앉아 있을지언정 자존심까지 죽은 건 아니어서 캐노피 아래 화려한 옷을 입고 오만한 자세로 앉아 있다. 백작의 하얀 가발 뒤 창문을 통해 어렴풋이 보이는 건물은 백작이 짓고 있는 호화로운 새 저택이다. 공사비가 모자라 공사는 중단되었고, 설계도를 들고 있

윌리엄 호가스의 연작 중 1편인 〈혼인 합의〉

는 건축가가 미완성된 집을 창밖으로 응시하고 있다. 상인과 백작 사이에 서 있는 허름한 옷차림의 인물은 고리대금업자로 백작은 저택 공사를 위해 그에게 돈을 빌렸다. 고리대금업자는 한 손으로 상인이 지참금으로 제시한 어음을 집어 들고, 다른 한 손으로는 저당 서류를 백작에게 돌려주고 있다. 테이블에는 환어음 외에 금덩이도 보이고, 안경을 쓴 상인이 결혼계약서를 꼼꼼히 검토하고 있다.

왼쪽 가장자리에 앉아 있는 인물은 백작의 아들이다. 그는 가발에 거대한 검은 리본, 빨간 굽이 있는 구두까지 프랑스풍 옷으로 한껏 멋을 부렸다. 아마도 없는 살림에 큰돈 들여가며 프랑스와 이탈리아로 그랜드 투어를 다녀온 모양이다. 혼인당사자인 그는 협상에 무관심하고 미래의 아내에게 등을 돌린 채 거울에 비친 자기 모습에 취해 있다. 백작의 상속인인 자작은 한마디로 허영심 강한 나르시스트다. 다리는 앙상해서 부실해 보인다. 그런데 목에 제법 큰 검은 점 같은 것이 보인다. 이 반점은 그가 매독에 걸렸음을 알려준다. 호가스의 의도인지 모르지만 거울은 반만 그려져 있다. 거울 속 인물이 반푼이라는 것을 나타내려 했을까? 강제적이고 어울리지 않는 이 비극적 결혼은 목줄에 묶인 채 서로에게 아무런 관심도 없는 두 마리 개의 모습으로 투영된다.

소박한 옷차림에 지루하기만 한 신부는 운명에 체념한 채 손수건에 꿰어놓은 결혼반지를 힘없이 만지작거린다. 손수건은 눈물을 닦는 데 쓰일 것이다. 그녀도 막상 신랑에게는 별로 관심이 없다. 벽에 걸린 초상화의 얼굴들도 불안한 표정을 짓고 있다. 정신이 반쯤 나간 상인의 딸 옆에서 한 남성이 그녀를 위로한다. 실버텅이라는 이름의 변호사다. 참고로 이 인물은 연작 드라마의 또 다른 주인공이다.

✦ 시작부터 파국인 결혼생활

두 번째 그림은 신혼부부의 모습을 그렸다. 신혼이 무색하게 결혼생활은 이미 파탄 나기 시작했다. 부부는 지난밤 따로 놀았고, 서로의 행적에 전혀 관심이 없다. 오른쪽에 강아지가 자작의 코트 주머니에 삐져나온 여성용 취침 모자를 발견하고 킁킁거린다. 어딘가

윌리엄 호가스의 연작 중 2편인 〈나란히 앉은 부부〉

에서 다른 여인의 품에서 질펀하게 놀았던 게 분명하다. 매독 환자가 붙이고 다니는 목의 검정 패치는 여전하다. 발밑에 부러진 칼이 있는 것으로 보아 어디서 싸움도 벌였던 모양이다. 남편과 달리 아내는 만족스러운 표정으로 기지개를 켜고 있다. 바닥에 버려진 카드로 보아 아내는 집에서 밤새 카드놀이를 했다. 그녀는 다리를 쩍 벌린 채 숙녀답지 않은 자세로 앉아 있다. 치마 앞에 있는 얼룩은 최근에 성관계를 맺었음을 암시한다. 그녀는 반쯤 감은 눈으로 교활하게 남편을 보면서 머리 위로 손거울을 들고 있는데, 아마도 그림 밖에 있는 내 연남에게 신호를 보내는 것 같다.

집안은 어수선하다. 감리교 스타일의 옷을 입고 코트 주머니에『재건』이라는 제목의 책을 들고 있는 하인은 밀린 외상값 명세서를 잔뜩 들고 선 채 진저리를 친다. 영수증은 한 장만 정상 청구되었고, 나머지는 모두 미납 상태다.

✦ 무절제한 삶이 남긴 것

매독을 앓고 있는 자작이 어린 소녀를 대동하고 돌팔이 프랑스 의사를 찾았다. 호가스는 자작 목의 검은 반점을 여지없이 강조한다. 매독을 치료하려고 처방받은 수은환에 불만을 표하며 환불을 요구하는 것처럼 보인다. 옆에 있는 어린 소녀도 매독 초기 징후가 보

윌리엄 호가스의 연작 중 3편인 〈검진〉

이는지 약을 입에 넣고 있다.

이 장면은 다른 해석도 가능하다. 자작은 어린 소녀가 자신에게서 매독에 감염되었다고 생각해 그녀를 의사에게 데려왔다. 칼을 든 덩치 큰 여자는 그 소녀의 어머니로 딸에게 매독을 옮긴 자작을 협박하는 것처럼 보이기도 한다. 이 분노한 여성이 어린 여자아이의 어머니인지 돌팔이 의사의 조수인지 또는 포주인지는 확실하지 않다. 다만 어머니였다면 여자아이의 곁에 서 있는 편이 더 자연스러웠을 것 같은데, 그렇게 보면 이 소녀가 매춘부일 가능성도 있다.

의사는 호가스의 다른 작품에도 등장하는 록 박사다. 왼쪽에는 캐비닛이 있는데 선반 위에 약제사의 화분이, 꼭대기에는 늑대의 머리가 진열되어 있다. 뒤쪽 장에는 방부 처리된 시체와 해골이 보인다. 오른쪽에 있는 기계 장치는 어깨가 탈구된 사람이 와인병의 코르크 마개를 빼내는 도구인데, 밑에 놓인 책에 '파리 왕립 아카데미의 검열과 승인'이라는 문구가 쓰여 있다. 호가스는 프랑스인들이 어리석음을 몹시도 싫어했다.

✦ 사랑 없는 부부의 일상

네 번째 그림은 백작부인의 아침 단장이다. 늙은 백작이 죽고 자작인 아들이 백작 작위를 물려받았다. 백작부인이 된 아내는 손님들에게 등을 돌리고 앉아 머리를 단장하고 있다. 오른쪽에는 첫 번째 그림에서 등장했던 변호사 실버텅이 부인 쪽으로 기대앉아 있다. 두 사람은 불륜관계다. 그림 앞쪽에 앉아 있는 아이가 인간의 몸과 뿔 달린 사슴 얼굴을 한 악타이온 동상을 만지작거리고 있다. 악타이온의 뿔은 바람난 여자를 상징한다. 주변에 널브러진 조각상에는 경매 딱지도 붙어 있다.

윌리엄 호가스의 연작 중 4편인 〈아침 단장〉

　당시 영국의 귀족들 사이에는 프랑스 국왕의 아침 기상의례를
흉내 내어 귀족 부인이 화장하는 동안 리셉션을 여는 것이 유행이었
다. 화장대의 거울 위에는 작은 관이 놓여 있는데, 이는 늙은 백작이
죽고 그의 아들이 백작 작위를 계승했으며 아내가 지금의 스완더필
드 백작부인이라는 사실을 알려준다.

　변호사는 신발을 벗고 발을 올린 채 소파에 비스듬히 누워 있

다. 그는 이 방이 친숙하다. 백작부인은 다른 손님들에게는 관심이 없고 오직 실버텅만 바라보고 있다. 실버텅은 부인에게 가면무도회 티켓을 보여주고 소파 뒤 병풍에 그려진 가면무도회 그림을 가리키며 무도회에 가자고 유혹한다. 다들 마스크를 쓰고 참석하니 누구인지 들킬 염려는 없다는 내용일 것이다. 왼쪽 벽 상단의 그림은 변호사 실버텅의 초상화다. 남편은 오랫동안 아내의 침실을 방문하지 않았다.

✦ 배우자의 외도로 끝나는 결혼

18세기 영국판 부부의 세계 스토리는 이제 절정으로 치닫는다. 그림의 원제는 바뇨^{Bagnio}로 이탈리아어로 목욕탕을 의미한다. 백작은 변호사 실버텅과 아내의 밀회 현장을 급습하지만 치명상을 입었다. 부인은 피 흘리는 남편에게 용서를 빌고 있고, 변호사는 셔츠만 걸친 채 허겁지겁 창문으로 달아나고 있다. 바닥에 있는 가면은 백작부인과 내연남이 가면무도회에 다녀왔음을 알려준다. 가면 옆에는 화려한 드레스와 벗어놓은 코르셋이 보인다.

이 에피소드는 코벤트가든 보 거리에 있는 커피하우스를 배경으로 하는데, 이곳은 손님들에게 증기탕을 제공했다. 18세기 영국에서 바뇨는 별다른 절차 없이 하룻밤을 묵을 수 있는 장소, 오늘날의

윌리엄 호가스의 연작 중 5편인 〈백작의 죽음〉

러브호텔을 의미했다. 열쇠와 함께 문 자물쇠의 고리가 뜯긴 채 바닥에 굴러다닌다. 백작은 이들을 따라 방을 급습했다. 침대가 어지럽혀진 것으로 보아 아마 백작은 침대 위에서 뒹굴고 있는 남녀를 발견했으리라. 백작은 실버텅과 칼싸움을 벌였다. 부인의 발아래 피 묻은 칼이 버려져 있다.

　　호가스는 정말이지 지독한 풍자가다. 그는 백작의 머리가 뒷

벽에 있는 거울로 액자 속 초상화처럼 보이게 연출했다. 이는 첫 번째 그림에서 반쪽짜리 거울 속 자기 모습에 감탄하던 반푼이 젊은 자작의 초상을 비극적으로 완성한다.

✦ 죽음만 남은 정략결혼의 끝

백작부인의 연인 실버팅 변호사는 살인죄로 재판을 받고 형장의 이슬로 사라졌다. 이후 슬픔과 가난에 허덕이던 백작부인은 미망인 생활을 이어가다가 결국 세상과 작별을 고하기로 결심한 모양이다. 연인과 남편의 죽음으로 비통함과 죄책감에 시달리던 백작부인은 결국 독약을 삼켰다. 바닥에 빈 약병과 실버팅의 처형을 알리는 문서가 굴러다닌다. 오른쪽에는 약제사가 마님이 독약을 모으던 것도 눈치채지 못한 하인의 멱살을 붙잡고 호통을 치고 있다. 고인이 된 백작부인 오른편에는 늙은 유모가 부인의 어린 딸아이를 안고 있다. 죽은 엄마의 뺨을 만지려는 아이의 목에 검은 패치가 보인다. 아버지로부터 매독을 물려받은 아이는 오래 살지 못할 것이다. 늙은 백작이 자랑하던 유서 깊은 스완더필드 가문은 이제 곧 끝날 것이다.

왼쪽에 서서 시신의 손을 들고 있는 이는 백작부인의 친정아버지다. 그는 자식의 죽음을 슬퍼하기는커녕 딸 손가락에서 무심히 결혼반지를 빼내고 있다. 자살했기에 백작부인이 백작에게서 물려

170

윌리엄 호가스의 연작 중 마지막 편인 〈백작부인의 죽음〉

받은 모든 재산은 국가에 몰수될 테고, 신부 아버지는 딸에게 준 지 참금을 한 푼도 회수할 수 없다. 챙길 것이라고는 반지뿐이다.

이토록 지독한 풍자는 웬만해선 보기 어렵다. 호가스는 정말 이지 지독한 양반이다.

CHAPTER 3

역사에 이름을 남긴
귀족들

이제 살아 숨 쉬던 귀족 몇 분을 만나볼 차례다. 나름대로 한 시대를 풍미했던 양반들이고 잘났건 못났건 그런대로 역사의 한 페이지를 장식한 인물들이다. 먼저 알렉상드르 뒤마의 『삼총사』의 모델로 파란만장한 삶을 살았던 제1대 버킹엄 공작 조지 빌리어스, 하늘을 나는 새도 떨어뜨릴 권세를 누렸지만 국왕에게 암살된 비운의 기즈 공작 프랑수아 드 로렌, 교황이 두 명이나 나왔고 이탈리아의 꽃을 낳은 가문 보르자, 세기의 결혼식을 치른 콘수엘로 밴더빌트를 차례대로 소개한다.

1

제1대 버킹엄 공작
조지 빌리어스

✦ **왕의 총애를 얻다**

알렉상드르 뒤마의 『삼총사』에는 제1대 버킹엄 공작인 조지 빌리어스George Villiers, 1st Duke of Buckingham(1592~1628)의 모습을 묘사한 부분이 실려 있다. 내용에 따르면, 그는 가장 우아한 기사이자 잘생긴 귀족으로 프랑스와 영국 두 나라 사이에서 정평이 났다. 잉글랜드의 두 국왕에게 연이어 총애를 받으며 큰 부자가 된 조지 빌리어스 공작은 막강한 권력마저 손에 넣었다. 잉글랜드 왕국에 무질서를 조장하기도 했던 그는 반대로 왕국의 질서를 바로잡기도 했다. 그렇게 그는 후손도 놀랄 만큼 화려한 삶을 살았다. 잉글랜드 국왕 제임스 1세의 총애를 받았던 버킹엄 공작은 제임스 1세의 아들인 찰스 1세의 치세 초까지 정치적 영향력을 행사하다가 승진에 불만을 품은 한 장교의 단검에 생을 마감했다.

페테르 폴 루벤스, 〈버킹엄 공작〉, 1625

버킹엄 공작은 레스터주 브룩스비에서 하급 귀족인 조지 빌리어스(1550~1606)의 아들로 태어났다. 모친인 메리 글렌필드는 아들에게 궁정인이 되는 교육을 받게 했고 프랑스로 여행을 보내기도 했다. 그는 춤과 펜싱, 프랑스어 교육에서 두각을 드러냈다. 그를 잘 아는 한 주교의 말을 따르면, 그는 "잉글랜드에서 가장 잘생긴 남성으로 탄탄한 팔다리를 가졌고, 유쾌한 대화 상대이자 다정한 성격의 소유자"였다.

1614년 8월 사냥에 나선 제임스 1세의 눈에 이 근사한 청년이 포착되었다. 당시 국왕은 서머싯 경 로버트 카를 총애했는데, 그의 정적들은 국왕의 눈이 돌아가는 모습을 보고는 절호의 기회라고 판단했다. 이들은 돈을 모아 빌리어스에게 멋진 의복을 마련해 주고 그가 국왕의 술 관리자로 임명되도록 밀어주었다. 1615년부터 그는 가면을 쓰고 춤을 추기 시작했는데, 이는 엘리자베스 여왕 시대부터 국왕의 총애를 얻는 지름길이었다. 여기에서 그는 우아한 몸짓과 아름다운 자태를 뽐내며 제임스 1세의 마음을 사로잡았다.

국왕의 총애를 받기 시작한 빌리어스는 가파른 출셋길에 올랐고, 정치적 힘도 갖게 되었다. 1615년 말 국왕의 침전시종에 임명된 그는 1616년에 와든Whaddon 남작, 빌리어 자작의 작위를 받고 가터기사단원으로 임명되었다. 이듬해에는 백작으로 추인되고 1618년에는 버킹엄 후작이 되었다. 1619년 잉글랜드 함대사령관에 임명되었고 1623년에 이르러 버킹엄 공작으로 서임되었다.

버킹엄 공작은 잉글랜드 국왕의 아낌없는 애정과 후원을 받으며 출세한 젊고 잘생긴 총신 리스트의 마지막을 장식한 인물이다. 국왕과 관계가 성적이었는지는 논란이 분분하다. 제임스 1세는 버킹엄을 '스티니Steenie'라는 애칭으로 불렀는데, 이는 '천사의 얼굴'을 가졌다고 알려진 성 스테파누스에게서 빌려온 것이다. 그런 소문이 돌았던 것은 확실해서 1617년 제임스 1세는 자신과 버킹엄 공작의 관계를 이렇게 이야기했다.

그대들은 내가 버킹엄 백작을 가장 사랑한다고 생각할지 모르오. 이 자리에 있는 그 누구도 백작을 대신하지는 못할 거라고 말이지. 개인 자격으로 말하겠소. 이를 결함으로 생각하지 말기를 바라오. 예수 그리스도께서 그리하셨으니, 나를 비난할 수는 없을 것이오. 자, 그리스도께

요한이 있었듯이 내게는 조지가 있소.[41]

버킹엄에게 보낸 제임스 1세의 편지는 이런 인사말로 마무리된다. "나의 사랑스러운 자식이자 아내에게 신의 가호가 함께하길. 그대의 사랑하는 아버지와 남편에게 언제나 위로가 되어주길."[42] 버킹엄 역시 국왕의 애정에 부응하며 답장을 보냈다. "소신도 전하를 흠모하며 전하의 모든 걸 사랑합니다. 소신은 오직 전하를 위해서 삽니다. 그리고 전하의 연인으로 죽을 것입니다." 몇 년 후 버킹엄이 제임스에게 보낸 편지에는 이런 구절도 있다. "판햄에서 보낸 시간이 잊히지 않습니다. 주인과 강아지는 침대 머리가 어딘지 모를 정도로 즐거웠지요. 전하께서는 여전히 소인을 사랑하고 계신지요?"[43]

이 요상한 구절들을 어떻게 해석할지에는 이견이 존재한다. 누군가는 이를 두 사람의 성적 관계를 암시하는 것으로 해석하지만, 아니라고 하는 사람도 있다. 일부 학자들은 르네상스 시대에는 동성끼리도 저런 표현을 쓰곤 했다고 주장한다.[44] 반대로 버킹엄 공작이 실제로 "제임스 1세의 마지막 사랑이자 가장 뜨거운 사랑"이었다고 생각하는 사람도 있다. 아니 땐 굴뚝의 연기는 아니라는 것이다. 진실이 뭐든 왕과 총신 사이의 부적절한 관계에 대한 추문은 잉글랜드를 넘어 전 유럽에 퍼졌다. 잉글랜드에서 체류한 적이 있는 프랑스의 시인 테오필 드 비오Theophile de Viau는 「버킹엄 후작에게」라는 송가를 지었다.

아폴로는 아름다운 노래로

젊은 히아킨토스를 유혹했다네.

박식한 잉글랜드 국왕은

제임스 1세 치세에 위세를 떨친

버킹엄을 차지하지 않았던가?[45]

속사정이야 어떻든 버킹엄은 1625년 제임스 1세가 사망할 때까지 국왕의 동반자이자 최측근으로서 전폭적인 후원을 받았고, 이를 기반으로 가문의 재산을 증식하고 일가친척들의 출세를 도와주었다.

✦ 정치적 생존의 달인이 되다

버킹엄 공작은 잘생긴 외모 외에 탁월한 정치력을 갖고 있었다. 고상한 이념이나 탁월한 비전이 있었던 것은 아니다. 그는 살아남기의 달인이었다. 냉혹한 정치무대에서 수많은 위기를 겪었지만 그때마다 살아남았다. 꼬리 자르기, 임기응변, 술책, 대중 선동과 군중심리를 이용하는 데 남다른 재능을 보여주었다. 물론 이러한 재능이 잉글랜드의 국익에 도움이 되었는지는 별개 문제다.

프랜시스 베이컨이라는 인물이 있었다. 영국 고전경험론 철학의 창시자이자 『노붐 오르가눔』, 번역하면 '신기관'이라는 중요한 저서를 남긴 역사적 인물이다. 권좌에 오르는 과정에서 버킹엄은 철학자이자 법률가인 프랜시스 베이컨과 친분을 맺었다. 베이컨은 젊은 총신에게 조언을 건네기도 하고 그가 귀족으로 서임받을 때 서임장 초안을 작성해 주기도 했다. 버킹엄도 베이컨을 밀어주었는데, 그가 1618년 대법관에 임명되는 데 결정적 도움을 주었다. 대법관은 감사 표시로 후견인들을 도와달라는, 자기 패거리의 뒤를 잘 봐달라는 버킹엄의 요청에 성실히 응했다. 그러다 보니 적지 않은 오점을 남겼는지 나중에 권력 남용, 투기, 부패 등의 혐의로 유죄를 선고받고 자리에서 물러났다. 흥미롭게도 이때 버킹엄은 베이컨을 구명하려는 어떠한 시도도 하지 않았다. 그래서 당대인들은 공적 자금을 마음대로 유용하고 뇌물을 받아온 버킹엄이 일종의 꼬리 자르기를 하려고 베이컨을 희생시킨 거라고 생각했다.

버킹엄은 1616년부터 아일랜드 문제를 담당했는데 먼저 자신의 수하를 총독으로 임명했다. 버킹엄은 작위나 관직을 판매함으로써 아일랜드에서 세력을 키웠고, 가문의 재산 증식에 몰두했다. 후에 의회가 아일랜드에서의 권력 남용을 조사하기 시작했다. 그러자 축재 비리가 드러날 것을 염려한 버킹엄은 국왕과 의회의 갈등을 부추겼고, 결국 국왕은 의회를 해산해 버렸다. 당연히 아일랜드에 대한 조사도 종결되었다. 잘난 얼굴만큼이나 정치적 술수에도 능란한 인물이었다.

1623년 버킹엄은 웨일스공 찰스와 스페인의 공주 마리아의 혼인을 협상하러 스페인으로 떠났다. 하지만 협상은 난항을 거듭했고, 잉글랜드에서는 버킹엄이 바보짓을 해서 협상이 결렬되었다는 소문이 돌았다. 스페인 대사까지 잉글랜드 의회에 나서 버킹엄의 실책을 알렸고 그에게 모든 책임을 물어야 한다고 주장했다. 하지만 정치 9단이었던 버킹엄은 귀국 후 스페인이 잉글랜드를 무시했으니 전쟁을 벌이자고 외쳤고, 오히려 인기를 끌었다.

결혼 협상은 다시 진행되었고, 1624년 12월 프랑스 앙리 4세의 막내딸 앙리에트 마리 드 프랑스와 약혼이 발표되었다. 잉글랜드인들은 가톨릭교도를 미래의 왕비로 선택한 것에 크게 분노했다.[46] 인기가 떨어진 버킹엄은 이번에는 프랑스에서 일어난 신교도 반란을 지원함으로써 정치적 난국을 타개하려 했다. 물론 잉글랜드 해군은 프랑스 신교파의 거점이 함락되는 것을 저지하는 데 실패했지만 제임스의 뒤를 이어 찰스 1세가 즉위했을 때, 버킹엄은 선왕의 조정에서 살아남은 유일한 정치인이 될 수는 있었다.

✦ 군사적 영광의 신기루

정치적 생존에는 탁월했지만 사실 버킹엄의 군사적 경력은 자랑거리와 거리가 멀고 오히려 실패자에 가깝다. 그는 번번이 군사적 실패를 맛보았다. 제임스 1세의 사위인 팔츠 선제후 프리드리히 5세의 제후령 수복을 지원하려던 군사 작전도 실패했고, 스페인의 항구 카디스를 점령하고 항구에 정박해 있던 스페인 함대를 불태워버린 프랜시스 드레이크 경의 영광을 재현하려던 시도도 실패로 돌아갔다. 의회는 공작의 허무맹랑한 카디스 공략 시도에 난색을 표하며 세금 징수에 반대했다. 하지만 가톨릭과 신교파가 대치하던 상황에서 의회는 버킹엄의 계획이 유럽 가톨릭 국가들의 국제적 음모에 타격을 줄 수도 있으리라 기대하면서 결국 원정에 동의했다. 버킹엄은 네덜란드에서 스페인과 벌인 전투에서 승리하며 유명해진 노련한 장군 에드워드 세실 경에게 원정대의 지휘를 맡겼다. 하지만 세실은 육상에서는 훌륭한 군인이었을지 몰라도 바다에 대해서는 아는 것이 전혀 없었다. 결국 원정은 실패했다. 병사들이 굶주림과 질병으로 죽어가자 잉글랜드 원정군은 불명예를 안고 귀국했다. 여론은 다시 버킹엄을 비난했고, 의회는 버킹엄을 탄핵하는 절차를 밟았다. 하지만 찰스 1세는 버킹엄을 탄핵하는 데 동의하는 대신 의회를 해산해버렸다. 이번에도 그는 살아남았다.

이쯤 되면 적당히 자중하며 숨 고르기에 들어갈 법도 하건만, 버킹엄은 새로운 군사계획을 추진했다. 그의 모험중독증은 불치병이었다. 버킹엄은 불과 몇 년 전 프랑스 신교 세력을 지원했던 것과는 정반대로 이번에는 프랑스 국무대신 리슐리외 추기경에게 접근하여 프랑스 서부 해안도시 라로셸에서 일어난 신교도의 반란을 진

압하는 데 잉글랜드 함대를 지원하겠다며 협상을 벌였다. 그 대가로 스페인과 벌이는 전쟁에서 프랑스의 지원을 약속받을 셈이었다. 수차례 논쟁 끝에 잉글랜드 함선 7척이 라로셸 공략 작전에 투입되었지만, 의회는 잉글랜드 신교도가 프랑스 신교도와 싸운다는 생각에 몸서리치며 역겨워했다. 대부분 잉글랜드 선원들은 같은 교파와 전투를 거부하고 배에서 내려버렸고, 결국 배를 움직이는 데 프랑스 선원들이 충원되었다. 리슐리외의 작전은 성공했고 신교도 세력은 항복했다. 하지만 프랑스는 곧바로 스페인과 평화조약을 체결했다. 버킹엄 공작은 국제관계의 복잡한 셈법에는 젬병이었다.

버킹엄 공작의 무능한 리더십과 번번이 실패로 돌아간 군사적 모험에 의회는 두 차례나 탄핵을 시도했다. 그때마다 국왕은 의회를 해산함으로써 그를 구했다. 하지만 반대 여론은 쉽게 가라앉지 않았고, 공작은 공공의 적이 되었다. 악마의 조언자라고 불리던 공작의 주치의는 길거리에서 군중에게 뭇매를 맞아 사망했다.

✦ **암살자의 단검에 쓰러지다**

1628년 8월 23일 버킹엄 공작은 포츠머스 그레이하운드 여관에서 단검에 찔려 사망했다. 그의 나이 서른다섯 살이었다. 증인들의 목격담을 따르면 버킹엄은 몸을 돌려 "개자식"이라는 한마디를 내

뺄고는 가슴에서 칼을 뽑아 암살범을 향해 두세 걸음을 내딛다가 쓰러졌다. 암살자 존 펠턴John Felton은 과거 버킹엄의 군사 작전에 참여했다가 부상당한 상이군인으로 버킹엄 때문에 승진이 좌절되었다고 믿었다고 한다.

버킹엄이 너무나 인기가 없었기에 대중은 오히려 펠턴을 영웅으로 추앙했다. 암살에 나선 펠턴이 모자에 넣고 다녔다는 진술서 사본이 널리 읽혔고, 시인들은 펠턴의 쾌거를 찬양하는 시를 지어 바쳤다. 버킹엄은 여성스럽고 겁쟁이에 부패한 인물로 묘사된 반면 펠턴은 남성성과 용기와 미덕의 본보기로 칭송받았다. 11월 29일 펠턴의 교수형이 집행되었고, 시신은 포츠머스로 옮겨져 대중에게 공개되었다. 이는 당국의 판단 착오였는데, 그의 시신은 곧바로 국민적인 숭배 대상이 되었다.

버킹엄 공작이 유명해진 것은 전적으로 알렉상드르 뒤마의 소설 『삼총사』(1844) 덕분이다. 이 소설에서 그는 프랑스의 왕비 안 도트리슈와 사랑에 빠진 인물로 그려진다. 총사들과 다르타냥의 모험담에 등장하는 버킹엄 공작은 프랑스 왕비를 사로잡은 매력적인 남성이지만, 소설에서도 프랑스의 재상 리슐리외 추기경보다 한 수, 아니 여러 수 아래 인물로 그려질 뿐이다.

버킹엄 공작은 웨스트민스터 수도원에 묻혔다. 신화 속 인물들로 장식된 호화로운 무덤에는 '세상의 수수께끼'라는 라틴어 문구가 새겨져 있다. 버킹엄의 군사 활동과 해상 모험을 기리려고 각 모서리에는 검은 대리석으로 마르스와 넵튠이 조각되었다. 관대 위에는 청동으로 만든 공작 부부의 조상이 서 있다. 훗날 공작의 후손들은 공작이 거주했던 요크하우스를 개발업자에게 매각했다. 매매계약서에는 새로 조성될 거리에 버킹엄의 이름과 공작의 작위를 사용한다는 조항이 추가되었다. 런던 트라팔가르광장과 템스강 사이에 있는 빌리어 거리, 공작 거리 그리고 버킹엄 거리가 그렇게 조성되었다.

2

기즈 공작 프랑수아 드 로렌과
앙리 드 로렌

✦ 국왕에게 암살당한 공작

로마 가톨릭 세력과 신교파의 종교전쟁이 파국으로 치닫던 1588년 5월 9일, 가톨릭파의 리더 앙리 드 기즈(1519~1563) 공작이 국왕 앙리 3세의 금지명령에도 불구하고 파리에 입성한다. 사흘 후 대다수가 가톨릭교도인 파리의 시민들은 국왕에게 노골적인 적대감을 드러내며 거리에 바리케이드를 세운다. 시민들의 위세에 겁이 난 국왕은 신교파와 타협하는 일은 절대 없을 것이라 선언하고 앙리 드 기즈

폴 들라로슈, 〈기즈 공작 암살〉, 1834

공작을 왕국 총사령관에 임명하는 데 동의한다. 왕국의 수도에서 공
작의 인기는 하늘을 찌를 듯 높아졌고, 국왕은 공작이 조만간 자신을
해치우고 권력을 장악할지도 모른다는 의심을 지우지 못한다.

✦ 기즈 가문의 문장

7개월 후 파리를 떠나 블루아성에 머물던 앙리 3세는 새로운
거처로 옮기기로 결정하고 필요한 절차를 논의하려 공작을 호출했

다. 함정일지 모른다는 주위의 경고와 만류에도 기즈 공작은 12월 23일 블루아에 도착했다. 유약한 앙리 3세가 그럴 만한 배짱이 없다고 생각한 것이다. 동시에 죽음 따위는 두려워하지 않는 귀족의 미덕을 과시했다. "죽음이 문을 열고 들어오더라도 창문을 통해 달아나는 일 따위는 없을 것이오." 오히려 공작은 드디어 국왕이 자신을 제독에

기즈 가문의 문장

임명할지도 모른다고 기대했다. 하지만 인생은 개인의 기대에 곧잘 콧방귀를 뀌는 편이다. 블루아성에 도착해 왕의 침실을 지나 집무실로 향하는 순간 뒤따르던 국왕 근위병 8명이 공작의 팔다리를 잡고 검을 내리꽂았다. 공작은 격렬하게 저항했지만, 칼도 미처 뽑지 못한 채 서른 군데에 자상을 입고 쓰러졌다. 앙리 3세는 발아래 널브러진 시신을 내려다보며 이렇게 말했다고 한다. "살아 있을 때보다 훨씬 크구먼."

　　기즈 공작과 동행했던 루이 드 기즈 추기경은 형의 비명을 듣고 달려갔지만 곧바로 체포되었다. 공작의 시신은 불에 태워져 루아르강에 재로 뿌려졌다. 같은 날 공작의 모친과 아들도 체포되었다. 루이 드 기즈 추기경 역시 처형 후 화장되어 인근 강에 뿌려졌다.

16세기 말 프랑스의 이름 높은 귀족이었던 기즈 형제의 비극적 죽음은 공작 개인의 불행한 운명을 넘어서는 깊은 역사적 연원이 있다. 기즈 가문을 대표하는 두 인물 앙리 드 기즈와 그의 부친 프랑수아는 피비린내가 진동하던 종교전쟁의 혼란 속에서 발루아 왕가의 종식과 부르봉 왕가의 도래로 이어진 프랑스사를 뒤흔든 핵심 인물들이다.

제1대 기즈 공작 클로드 드 로렌

✦ 기즈 공작 가문의 시작

기즈 가문은 외국 왕족에 해당하는 로렌가의 방계다. '기즈'라는 이름은 영지(파리 북동쪽 약 150km 근방에 위치한다)의 지명에서 유래했다. 로렌가와 기즈가는 프랑스 궁정에서 왕족과 공작-중신의 중간쯤에 해당하는 특별한 지위를 유지해 왔다. 훗날 기즈 가문으로부터 오말Aumale, 엘뵈프Elbeuf, 마옌느Mayenne 등 굵직굵직한 공작 가문들이 갈라져 나왔다.

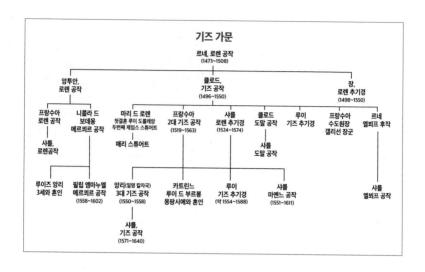

기즈 가문

르네, 로렌 공작
(1473~1508)

앙투안, 로렌 공작
- 프랑수아 로렌 공작
  - 샤를, 로렌공작
    - 루이즈 앙리 3세와 혼인
- 니콜라 드 보데몽 메르쾨르 공작
  - 필립 엠마누엘 메르쾨르 공작 (1558~1602)

클로드, 기즈 공작
(1496~1550)
- 마리 드 로렌 첫결혼 루이 드 롱레앙 두번째 제임스 스튜어트
  - 메리 스튜어트
- 프랑수아 2대 기즈 공작 (1519~1563)
  - 앙리(일명 칼자국) 3대 기즈 공작 (1550~1558)
    - 샤를, 기즈 공작 (1571~1640)
  - 카트린느 루이 드 부르봉 몽팡시에와 혼인
- 샤를 로렌 추기경 (1524~1574)
  - 루이 기즈 추기경 (약 1554~1588)
- 클로드 도말 공작
  - 샤를 도말 공작
    - 샤를 마옌느 공작 (1551~1611)
- 루이 기즈 추기경

장, 로렌 추기경
(1498~1550)
- 프랑수아 수도원장 갤리선 장군
- 르네 엘뵈프 후작
  - 샤를 엘뵈프 공작

기즈 가문의 가계도

기즈가는 르네 드 로렌Renee II de Lorraine 공작의 차남 클로드 드 로렌Claude de Lorraine(1496~1550)이 세웠다. 그러니까 기즈 가문은 로렌 가문에서 갈라진 방계인 셈이다. 프랑스 피카르디 지방의 영지를 물려받은 클로드는 프랑스로 귀화했고 프랑스 국왕에 의해 공작-중신의 자리에 오르며 제1대 기즈 공작이 되었다. 그는 앙투아네트 드 부르봉과 결혼해서 자식을 13명 두었다. 장녀인 마리는 스코틀랜드 왕 제임스와 결혼해 '피의 메리'라는 별명으로 유명해진 메리 스튜어트를 낳았다. 메리는 후에 프랑스의 왕 프랑수아 2세와 혼인하여 프랑스의 왕비이자 스코틀랜드의 여왕이 되었다. 장남인 프랑수아는 공

작의 작위를 이었고, 그 밑으로 샤를과 루이는 성직자의 길을 걸어 대주교와 추기경이 되었다. 렝스 대주교직은 대대로 기즈가의 삼촌에서 조카로 상속되었다.

제2대 기즈 공작 프랑수아 드 로렌

기즈 가문의 핵심 인물인 프랑수아와 앙리 부자에 대해 자세히 알아보자. 제2대 기즈 공작 프랑수아 드 로렌은 1519년에 태어났다. 1547년 앙리 2세가 즉위하면서 기즈가의 힘은 한층 더 커졌다. 프랑수아는 용감한 군인으로 이름을 날렸다. 프랑스 동쪽 국경지대에 위치한 메스를 편입한 앙리 2세는 프랑수아를 총독에 임명했다. 1554년에는 이탈리아 원정대를 이끌었고, 귀국한 후에는 프랑스 왕국의 총사령관에 임명되었다. 1558년에는 얼어 있는 늪지대로 포병을 이동시켜 기습을 가하는 대담한 작전을 펼쳐 백년전쟁에서 잉글랜드에 빼앗긴 칼레를 수복하는 전과를 올리기도 했다.

기즈 집안이 성장한 데는 혼인 전략도 주효했다. 이미 대단한 가문이라 당연히 혼인부터 남달랐다. 프랑수아의 부인 앤 데스테 Anne d'Este는 교황 알렉산데르 6세의 딸 루크레치아 보르자의 손녀로, 이탈리아 페라라와 모데나를 지배한 에르콜 2세 공작과 프랑스의 공주 르네 드 프랑스 사이에서 태어났다. 한마디로 유럽 귀족사회의 최정상급 가문의 결합이라고 할 수 있다. 스코틀랜드 여왕인 조카 메리 스튜어트가 프랑스의 왕세자, 장차 프랑수아 2세와 혼인하면서 기즈 가문의 후광은 절정에 달했다. 프랑수아 드 기즈는 이제 국왕의 외척이 되었고, 젊은 국왕은 아내의 삼촌에게 의지했다. 하늘을 나는 새도 떨어뜨릴 권세를 누리게 되었지만, 이는 그만큼 많은 적을 두게 될 것임을 의미했다.

✦ 종교전쟁의 소용돌이 속에서

프랑스 종교전쟁을 무대로 기즈 가문을 둘러싼 적대관계가 적나라하게 드러났다. 사실 프랑수아 드 기즈는 프랑스의 가톨릭교도와 신교파 사이에 벌어진 일종의 내전을 촉발한 장본인이다. 그리고 프랑수아와 앙리, 두 기즈 공작에 의해 프랑스의 운명은 풍전등화처럼 흔들리게 될 것이다.

루터에서 시작된 종교개혁이 전파된 이후 프랑스 개신교 세력은 빠른 속도로 성장했다. 도시민과 성직자만이 아니라 귀족들마저 새로운 교파로 개종하면서 교세가 커졌고, 이는 정치적 문제로 부상했다. 지배자의 종교가 곧 백성의 종교라는 인식이 받아들여지던 시기였기에 대귀족들의 개종은 개인의 문제가 아닌 지역 전체의 문제가 되었기 때문이다. 프랑스 남부 나바라 왕국의 여왕 잔 달브레가 칼뱅교로 개종하고 그의 남편인 앙투안 드 부르봉마저 개종하면서 나바라의 모든 백성이 신교도가 되었다.

　　물론 대다수 프랑스인은 여전히 가톨릭교도였고 신교파는 수적으로 열세를 면치 못했다. 하지만 이러한 약점은 지도부의 영향력 그리고 가톨릭 세력의 수령인 기즈 공작에 대한 프랑스 왕실의 경계

1562년에 일어난 바시 학살 장면을 묘사한 그림

심으로 만회될 수 있었다. 이게 뭔 소리냐면, 왕실은 나라를 안정시키길 원했는데, 신교파 완전 소멸을 주장하는 고집불통 극렬주의자 기즈 때문에 머리가 아팠다는 이야기다. 1560년 12월 프랑수아 2세의 때 이른 죽음 이후 프랑스 왕실은 왕권을 안정시키려고 신교파에 관용적 태도를 유지하며 왕국의 평화를 찾으려 했다. 하지만 기즈 공작 일파는 이러한 유화정책에 반대하면서 궁정을 떠나버렸다. 일종의 (정치적) 파업 내지 근무지 무단이탈을 한 셈인데, 오랫동안 왕실의 총애를 받으며 권력의 심장부에 있었던 기즈가와 왕실의 관계는 이제 의혹과 불신의 관계로 변하기 시작했다.

결국 1562년 3월 1일 샹파뉴 공작의 영지에 있는 바시라는 곳에서 사달이 났다. 프랑수아 드 기즈는 호위 병사들과 함께 파리로 향하던 중 한 헛간에 신교도들이 모여 예배를 드리고 있다는 소식을 들었다. 당시 신교파의 종교행사는 도시 밖에서만 허락되었으므로 공작은 모임을 해산하려 했다. 당연히 고성과 욕설이 오갔고 결국 학살극이 벌어지고 말았다. 신교도 50여 명이 사망했고 150명가량이 부상을 입었다. 바시 학살이라고 불리게 된 이 사건에 프랑스의 신교파는 분개했고, 결국 종교전쟁이 시작되었다. 국왕군의 사령관으로서 기즈 공작은 전쟁 초기 일련의 전투에서 승리를 거뒀지만, 오를레앙 전투에서 신교파 귀족인 장 드 폴트로 드 메레에게 저격당했고, 1563년 2월 18일 사망했다. 저격의 배후로 신교파 수령인 콜리니 제독이 지목되었다.

✦ 앙리 드 기즈, 프랑스를 품으려 하다

프랑수아의 사망으로 아들 앙리가 제3대 기즈 공작이 되었다. 부친이 사망할 당시 앙리는 열세 살에 불과했고, 숙부이자 후견인인 로렌 추기경이 조카의 교육을 맡았다. 특히 군사 교육을 하려고 추기경은 조카가 유럽 전역의 전쟁터를 여행하게 했다. 말이 여행이지 그야말로 군사 교육이라 앙리는 1565년 헝가리에서 벌어진 투르크 군대와의 전투에 참여했다. 성인이 되어 귀국한 앙리는 이제 부친의 정치적 유산을 물려받아 부친 뒤를 이어 프랑스 가톨릭 진영의 수령이 되었다.

앙리는 부친이 누렸던 권위와 강력한 귀족 조직을 이어받았다. 그리고 장차 앙리 3세가 될 앙주 공 편에서 전쟁에 뛰어들었다. 여러 전투에서 용맹함을 과시했고, 1569년에는 부상까지 입었다. 이때 입은 흉터로 그는 '검흔le Balafre'이라는 그럴듯한 별명을 얻었다.

가톨릭 신앙의 수호자를 자처하며 용맹한 전사로 이름을 떨치던 약관의 기즈 공작은 무서울 게 없었다. 그는 국왕의 여동생 마르게리트 드 발루아를 유혹하여 왕가의 사위가 되려는 야망에 불타올랐다. 실제로 공주의 마음을 사로잡으면서 부마가 되겠다는 목표에 다가서는 듯했지만, 이 계획은 모후인 카트린 드 메디치의 냉혹한 정치적 계산과 충돌했다. 모후는 프랑스의 종교적 혼란을 해결하려고 다른 혼인 계획, 이를테면 신교파 우두머리인 앙리 드 나바르와 마르게리트의 정략결혼을 준비했다.

1572년 8월 18일 신교도인 앙리 드 나바르와 가톨릭교도인 마르게리트의 결혼식이 파리 노트르담 성당에서 거행되었다. 이 혼인을 빌미로 적대적인 두 진영이 타협하고 내전이 종식되기를 기대했을 것이다. 하지만 세상일이 늘 뜻대로 풀리지는 않는 법이다. 결혼식이 치러진 지 나흘째 되던 날, 신교파 수령인 콜리니 제독이 저격당하는 사건이 발생했다. 가벼운 부상을 입는 데 그쳤지만, 분노한 신교도들은 이 혼인이 결국 신교파의 세력 약화를 획책하려는 음모가 아니냐고 의심하면서 정의구현을 외쳤다. 그리고 암살 시도의 배후로 앙리 드 기즈를 지목했다.

흥분한 신교세력에 불안을 느낀 국왕 샤를 9세와 모후 카트린 드 메디치는 결국 돌이킬 수 없는 결정을 내렸다. 결혼축하연이 이어지던 8월 24일(이날은 성 바르텔르미 축일이다) 밤 루브르궁전 앞 생 제르맹 록세루아 성당에서 자정을 알리는 종소리를 신호로 대학살이 시작되었다. 기즈 공작의 호위병사들이 결혼식을 위해 파리로 올라온 신교파 지도자들을 마구잡이로 살해하는 가운데 도시 전체가 광기에 사로잡혔다. 흥분한 파리 시민들은 파리에 있던 신교도를 마구 학살하기 시작했다.

1574년 샤를 9세가 사망하고 그의 동생이 앙리 3세로 왕위에 올랐다. 새 국왕의 권력기반은 약했고 앙리 드 기즈의 정치적 입지는 강화되었다. 공주와 결혼은 무산되었지만, 가톨릭 진영의 수령으로

앙리 드 기즈의 영묘(프랑스 센마리팀에 위치한 예수회 수도회 예배당)

서 그는 왕국의 실질적 지배자로 여겨졌다. 가톨릭교회를 수호한다는 프랑스 왕조의 원칙을 지키려 신교 세력을 척결한다고 했지만, 개인적 야심을 배제할 수는 없지 않은가.

　이러한 상황에서 한 가지 변수가, 그것도 아주 심각한 변화가 일어났다. 앙리 3세는 후사가 없었고 동생마저 전투 중 사망하자 마르게리트 공주와 혼인한 신교도 앙리 드 나바르가 프랑스의 왕위계승자가 된 것이다. '가톨릭교회의 장녀'로 불린 프랑스는 이제 신교도 국왕이 지배하는 개신교 국가가 될 것인가? 과격해질 대로 과격해진 프랑스의 가톨릭 진영은 기즈 공작을 파멸할 위기에 놓인 왕국의 구원자로 바라보기 시작했다. 비록 모계이기는 하지만 공작 역시 프랑스 왕가의 피를 물려받지 않았는가.[47]

　기즈 공작은 스페인의 펠리페 2세와 비밀조약을 체결하고 스페인으로부터 자금 지원을 약속받았다. 그리고 지지 세력을 결집하는 동시에 왕실 주변의 다양한 세력의 경쟁관계를 이용했다. 앙리 3세의 눈에 기즈 공작이 어떻게 비쳤을지는 쉽게 상상이 간다. 공작은 1588년 5월 바리케이드의 날 이후 파리의 실질적 지배자가 되었지만, 결국 앙리 3세에게 죽음을 맞이했다. 이 암살로 프랑스 가톨릭 진영은 국왕에게 완전히 등을 돌렸다. 앙리 3세는 몇 달 후 수도사 자크 클레망에게 암살당했다. 앙리 3세의 죽음으로 발루아 왕조는 종식되었고 앙리 드 나바르가 앙리 4세라는 이름으로 즉위했다. 부르봉 왕조의 시대가 열린 것이다.

보르자:
로드리고, 체사레, 루크레치아

✦ 교황을 낳은 가문 보르자

로마가톨릭교회 역사상 최악이라고 평가받는 교황을 꼽아보면 누가 있을까? 여러 후보가 나올 수 있겠지만, 리스트에서 절대 빠지지 않는 이가 있다면 단연 알렉산데르 6세, 로드리고 란솔 보르자(1431~1503)일 것이다. 알렉산데르 6세는 정치적 야망을 이루려고 수단과 방법을 가리지 않았으며, 성적으로 방탕하기로 유명해서 '바티칸의 네로'라는 그럴싸한 별명까지 얻었다.

이탈리아 르네상스 시대에 이름을 남긴 가문으로는 메디치, 스포르차, 에스테, 파르네제, 오르시니, 비스콘티 등이 있다. 이들 가문이 들으면 기분이 상할 수도 있겠지만, 보르자Borgia도 한 시대를 풍미한 굵직한 귀족 가문들 중 하나다. 보르자는 스페인 발렌시아 지방 보르하에서 유래했다. 15세기 중반부터 16세기 초까지 보르자 가문은 교황을 두 명 배출했다. 칼리

로드리고 란솔 보르자, 알렉산데르 6세

스투스 3세(재위 1455~1458)와 알렉산데르 6세(재위 1492~1503)다.

칼리스투스 3세로 즉위한 알폰소 데 보르자(1378~1458)는 발렌시아 왕국의 라토레타에서 후안 도맹고 데 보르자와 프란키나 란솔Francina Llancol의 장남으로 태어났다. 카탈루냐 레이다대학에서 법학교수로 그리고 아라곤 왕국의 외교관으로 경력을 쌓은 알폰소는 추기경이 되었고 일흔일곱 살이던 1455년에 교황으로 선출되었다. 알폰소가 교황에 선출된 것은 일종의 어부지리였다. 경쟁하는 다른 두 후보 사이에서 그는 일종의 타협안으로 교황에 올랐고 짧은 기간 로마가톨릭 교회의 수장으로 머물렀다. 재위는 짧았지만 이제 보르자 가문은 교황을 배출한 가문이 되었고, 후손들에게 큰 영감을 준 것으

로 보인다. 보르자 가문이 배출한 두 번째 교황 로드리고 보르자는 발렌시아 하티바에서 조프레 란솔 이 에스크리바와 이자벨 데 보르자의 장남으로 태어났다. 그래서 엄밀히 로드리고는 보르자가 아닌 에스크리바의 성을 따라야 했지만, 1455년 외숙부 알폰소 데 보르자가 교황으로 즉위한 이후 모친 가문의 성으로 바꿨다.

로드리고 보르자는 볼로냐대학에서 교회법을 공부했고, '가장 뛰어나고 분별력이 있는 법학자'라는 극찬을 받으며 졸업했다. 교황 칼리스투스 3세가 즉위하면서 그는 바로 부제로 서품받았고 1456년 스물다섯의 나이에 부제급 추기경에 서임되었다. 이듬해에는 교황청 상서원장이 되었고, 곧이어 주교급 추기경에 임명되었다. 그는 교황청에서 근무하는 동안 칼리스투스 3세, 비오 2세, 바오로 2세, 식스투스 4세, 이노첸시우스 8세 등 교황을 총 다섯 명 보필했다. 이 시기에 로드리고 보르자는 상당한 수준의 행정 경험을 쌓는 동시에 엄청난 부를 축적하고 인맥을 만들었다.

✦ 추문에 휩싸이다

얼핏 보면 신앙심 깊은 집안이라고 오해할 만하지만 보르자가 유명해진 것은 알렉산데르 6세의 개인사 그리고 그의 가족을 둘러싼 수많은 소문과 범죄 혐의 때문이다. 간음, 근친상간, 성직매매, 절도,

뇌물수수 그리고 살인(비소를 이용한 독살)에 이르기까지 이 교황 일가가 의심받는 범죄 리스트는 길고도 다채로워 종합 범죄세트 집안으로 박제되었다. 사실 이러한 평판은 줄리오 델라 로베레(훗날 교황 율리우스 1세)와 같은 보르자 가문의 정적들에 의해 부풀려진 면이 있다. 게다가 이탈리아인들이 싫어하던 스페인 출신인데다 유대인 혈통이라는 의심마저 받지 않았던가.

부풀려졌을지는 모르지만 그렇다고 로드리고 보르자가 깨끗한 인물이었던 것도 아니다. 이 양반의 화려한 여성편력을 감상해보자. 놀라운 이야기로 들릴 수 있지만, 중세 이래 성직자의 독신 조항은 완전히 강제적이지도 않았고 순결 의무 또한 형식적이어서 비공식적으로 아내와 자식을 둔 성직자는 드물지 않았다. 알렉산데르 6세의 정부 중 관계가 가장 오래 지속된 여인은 반노차 데이 카타네이Vannozza dei Cattanei(1442~1518)이다. 반노차는 이미 세 번 결혼한 이력이 있고 체사레, 조반니, 루크레치아 그리고 조프레 네 아이를 두고 있었다고 한다. 교황이 되어 이 아이들을 공식적으로 입양하기 전까지(일각에서는 이들이 로드리고의 친자식이라고 주장하기도 한다) 로드리고는 이 아이들을 조카로 소개했다.

1469년 알렉산데르 6세는 비토리아라는 여인에게서 베르나르도라는 아들을 얻었다. 베르나르도는 알렉산데르 6세의 다른 자녀들과 달리 잘 알려지지 않았다. 당시 추기경이었던 로드리고는 교황이 되기를 열망했으므로 자신의 치부를 최대한 감추려고 했다. 나이를 먹으면서 서운한 감정이 커졌는지 베르나르도는 어머니와 함께 로드리고 곁을 떠나버렸다. 어쨌든 알렉산데르 6세는 네 자녀 외에 알려지지 않은 많은 자녀(16명으로 추정)를 두었다. 교황에 선출될 무렵 반노차에 대한 알렉산데르 6세의 열정은 식어갔고, 줄리아 파르네세가 그 자리를 대신했다. 줄리아 파르네세는 알렉산데르 6세의 정부가 된 이후 루크레치아 보르자와 함께 살았다. 그리고 1492년에는 알렉산데르 6세와의 사이에서 딸 라우라를 낳았다. 새로운 애인이 생겼지만 자식들에 대한 반노차의 애정에는 변함이 없었다. 자식들 문제는 향후 그의 행보를 결정하는 중요한 요인이 되었다.

✦ 교황 알렉산데르 6세로 즉위하다

1492년 7월 25일 교황 이노첸시우스 8세가 선종하면서 소집된 콘클라베에서 아스카니오 스포르차 추기경, 줄리아노 델라 로베레 추기경, 마지막으로 로드리고 보르자 추기경이 유력한 후보로 올랐다. 스포르차 추기경은 밀라노의 지지를 받았고, 로베레 추기경은 프랑스의 지지를 받았지만 1492년 8월 11일 보르자 추기경이 다수 표를 얻어 교황으로 선출되었다. 보르자 추기경이 경쟁 후보들을 비롯해 여러 인물을 매수했다는 소문이 돌았다. 스포르차 추기경은 노새 네 마리가 수레를 끌 정도로 많은 양의 은을 뇌물로 받고 보르자를 지지하는 편으로 돌아섰다는 의심을 받았다.

　신임 교황은 재임 초반 비교적 성실하고 진지한 모습을 보였다. 특히 교황청의 재정 문제를 해결하고 성직자의 기강을 확립하는 데 남다른 능력을 보였는데, 그때나 지금이나 조직의 재정 문제 해결에는 인력 감축이 가장 효과적인 방법이었나 보다. 그는 바티칸의 직원 숫자를 줄이고 경비를 삭감하는 등 전임 교황들이 남긴 재정적자를 2년 만에 해결했다.

　하지만 그도 전임 교황들처럼 가문의 이익과 파벌주의에서 벗어나지는 못했다. 아비뇽 억류와 교회 대분열을 겪은 이후 교황의 지위는 늘 불안했기에 믿을 만한 인물을 포진하는 것은 어찌 보면 불가피한 선택이었을 것이다. 알렉산데르 6세 역시 자신의 권위를 안정시키려면 믿을 수 있는 사람이 필요했을 테고, 그래서 먼저 자식과 친인척을 등용했다. 결국 믿을 건 가족밖에 없지 않은가. 먼저 피사 대학에 재학 중이던 열여덟 살짜리 아들 체사레를 대주교로 서임하고 발렌시아 대교구장직을 물려주었다. 후안에게는 가문 대대로 보유해온 스페인의 간디아 공작 작위를 물려주었다. 조프레에게는 교황령과 나폴리 왕국의 영토 일부를 떼어주어 영주로 삼았다.

　알렉산데르 6세는 추기경단에 대한 지배력을 한층 강화하려고 자신의 심복 12명을 신임 추기경으로 서임하는 대대적인 인사조치를 단행하면서 큰 추문을 불러일으켰다. 추기경으로 서임된 이들 가운데에는 아들 체사레 외에 줄리아 파르네세의 오빠인 알레산드로 파르네세도 있었다. 파르네세 추기경은 훗날 교황(바오로 3세)이 되어 교회의 개혁과 쇄신을 이끌었다. 역량이 떨어지는 엉뚱한 인물은 아니었던 셈이다.

　이러한 거침없는 행보에는 이해관계가 충돌하는 세력이 등장하게 마련이다. 후안 보르자에게 할양된 봉토는 본래 로마의 토착 귀족 오르시니 가문이 최근 취득한 땅이었으니 심기가 편할 리 없었고, 나폴리 국왕 페르디난도 1세도 보르자 가문의 세력 확장을 우려하며 줄리오 델라 로베레 추기경과 손을 잡으려 했다. 로마에는 곧 전운이 감돌았다. 하지만 알렉산데르 6세는 영리한 방식으로 스페인, 포르투갈, 밀라노 그리고 프랑스와 동맹을 체결하며 위기를 극복했다. 스페인의 중재로 아들 조프레를 나폴리 국왕의 손녀와 혼인시키면서 나폴리와 관계를 회복했다.

알렉산데르 6세를 풍자한 그림

✦ 이탈리아의 꽃 루크레치아 보르자

알렉산데르 6세는 정략 결혼으로 정치적 입지를 다지고 동맹 세력을 넓혔다. 물론 자신이 교황이니 직접 혼인에 나설 수 없었기에 반노차의 딸 루크레치아가 무기로 이용되었다. 게다가 그녀는 치명적인 무기였다. 무릎까지 내려오는 아름다운 금발과 한 번 보면 빨려 들어갈 것만 같은 매력적인 눈, 걸음걸이마저 우아해서 마치 바람을 타고 걷는 것 같았고,

루크레치아 보르자

하얀 치아를 드러내며 활짝 웃으면 누구든 세상 모든 것을 주고 싶은 마음이 들게 했다는 루크레치아의 외모를 향한 찬사는 가히 무협지의 천하절색을 능가했다. 실제로 그 정도는 아니었다고 하더라도 미인이었던 것은 분명해 보인다. 역사상 가장 타락한 교황으로 불리는 자의 딸이 된 순간부터 루크레치아의 삶은 평탄함과는 거리가 멀 수밖에 없었는지도 모른다. 가문을 일으키기 위해서라면 수단과 방법을 가리지 않은 보르자 가문의 신분 상승 도구, 아름다운 살인 병기

이자 아버지, 오빠와 근친상간을 일삼고 거리낌 없이 남자를 갈아치운 사악한 탕녀의 이미지가 그렇게 만들어졌다.

알렉산데르 6세는 교황에 선출된 후 곧바로 밀라노와 동맹을 맺었는데, 그가 교황에 선출될 수 있었던 것도 밀라노파의 도움이 결정적이었다. 그는 동맹을 확실히 하려고 열세 살의 루크레치아를 일모로의 조카인 스물여섯 살의 조반니 스포르차와 결혼시켰다. 그런데 결혼했지만 남편과 같이 산 것은 아니어서 대부분을 친정에서 지냈다. 신부가 아직 어리다는 이유에서였다. 1년 후 교황은 이 혼인을 무효화했다. 스포르차의 전략적 가치가 사라졌기 때문이다. 하지만 결혼 무효화는 쉽지 않은 절차라 교황은 조반니를 성불구자라고 주장했다(훗날 재혼한 조반니는 아들을 낳아 자신의 오명을 벗었다). 화가 머리끝까지 난 조반니는 복수를 결심했고 자기 아내가 아버지, 오빠와 근친상간을 저질렀다는 소문을 퍼뜨렸다.

홀몸이 된 루크레치아는 나폴리 왕국을 지배하던 아라곤의 알폰소와 재혼했다. 나폴리와 관계를 개선할 필요가 있었기 때문이다. 하지만 이 결혼도 오래 유지되지는 못했다. 국제적 상황은 늘 변화하게 마련이다. 프랑스는 아라곤 왕가를 몰아내고 나폴리 왕국을 차지하려는 야심을 불태웠는데, 교황은 프랑스와 협력관계를 구축해서 자신의 입지를 강화하려 했다. 이를 위해 먼저 체사레가 프랑스 국왕의 사촌누이와 혼인했다. 그리고 얼마 후 체사레는 수하를 시켜 매제인 알폰소를 살해했다. 프랑스의 힘을 빌리려던 보르자 가문에 알폰소는 이제 성가신 존재가 되었기 때문이다. '달면 삼키고 쓰면 뱉는다'는 것이 바로 이럴 때 하는 말이다.

비록 정략적 결혼이었지만 루크레치아는 연하의 알폰소와 결혼생활에 꽤 만족했기에 남편이 죽자 상심이 컸다. 사랑은 다른 사랑으로 잊힌다고 생각했는지 알렉산데르 6세는 실의에 빠진 딸을 위해 세 번째 결혼을 주선했다. 새 신랑감은 이탈리아 북부 페라라 공국을 물려받을 알폰소 데스테Alphonso d'Este였다. 에스테 가문은 백성의 지지를 받고 있었고, 신중한 외교정책과 정략결혼으로 국제적으로도 입지가 탄탄했다. 처음에는 알렉산데르 6세의 혼담 제안에 난색을 표했지만, 아라곤 왕가의 몰락을 보며 혼담을 거절할 방법은 없었다. 물론 이 결혼으로 에스테는 막대한 지참금과 함께 교황청에 납부하는 공납금을 대폭 줄일 수 있었다.

루크레치아는 페라라에서 마침내 평화로운 삶을 찾았던 것으로 보인다. 남편인 알폰소는 아내를 아꼈고 알렉산데르 6세가 사망한 후에도 그녀를 끝까지 보호했다. 왕국을 비울 때면 루크레치아에게 섭정을 맡기기도 했다. 말년에 루크레치아는 젊은 날의 오명을 벗고, 여성적인 미덕의 모범으로 백성들의 사랑을 받았다고 한다.

'이탈리아의 꽃', '르네상스 최악의 악녀'라는 평가를 받은 루크레치아는 서른아홉 살에 일곱째 아이를 낳다가 죽음을 맞이했다. 역사에는 켜켜이 쌓인 소문이 어느 순간 사실로 굳어서 진실과 거짓을 분간하기 어려운 경우가 종종 있다. 루크레치아는 야심만만한 가족

루크레치아 보르자의 머리카락(밀라노 암브로시우스 도서관)

의 불행한 희생양이었을까 아니면 능동적인 삶을 개척한 시대를 앞선 여인이었을까? 사후에도 그녀를 둘러싼 신화는 계속되었다. 1816년 10월 15일 밀라노의 암브로시우스 도서관을 찾아간 영국의 낭만시인 바이런은 루크레치아의 연애편지를 보며 "세상에서 가장 예쁜 편지"라고 즐거워했다. 그런데 이 시인이 물욕이 있었는지 진열된 루크레치아의 머리카락이 탐났나 보다. 바이런은 용케 머리카락을 훔치는 데 성공했다고 자랑했다.

✦ 『군주론』의 모델 체사레 보르자

마지막으로 루크레치아의 오빠 체사레 보르자를 알아보자.
그의 공식직함은 발렌티노와 로마냐의 공작, 피옴비노와 우르비노의
지배자, 교황군의 총사령관이면서 전직 추기경으로 꽤 긴 편이다.

알렉산데르 6세는 체사레를 성직자로 키우려고 했다. 피사와
페루자대학에서 수학하던 중 부친이 교황에 올랐고, 이후 그는 열여
덟 살에 추기경이 되었다. 하지만 체사레는 성직자의 길보다는 군인
의 삶을 선호했다. 체사레의 동생 후안이 암살당하자 그는 동생을 대
신하여 교황군 총사령관이 되었다. 1498년 8월 17일, 체사레는 역사
적으로 추기경직을 사임한 첫 번째 인물이 되었다. 그는 프랑스의 루
이 12세로부터 발렌티노 공작 작위를 받았고, 이후 '발렌티노Valentino'
라는 애칭으로 불렸다.

체사레는 부친의 전적인 후원을 받으며 서서히 군인으로 성장
했다. 그는 교황의 통치에 저항하는 이탈리아의 군소 도시들을 정복
했고, 이 과정에서 이탈리아 중부에 로마냐 공국을 세웠다. 당시 체
사레는 레오나르도 다빈치를 건축가와 기술자로 고용하기도 했다.
하지만 체사레의 명성을 드높인 주인공은 따로 있다. 바로 『군주론
Il Principe』의 저자 니콜로 마키아벨리다. 마키아벨리는 피렌체의 외교
관으로 일하면서 체사레를 만나 외교문제를 협상한 적이 있는데, 체
사레에게 크게 매료되었다. 그래서 『군주론』을 쓰면서 체사레의 공

적과 전략을 다수 인용했고, 그의 정치적 통찰과 과단성을 지배자의 모범으로 제시했다.

　군인은 물론 정치가로도 유능한 인재였지만, 교황 아버지의 후원 없이 체사레가 혼자 할 수 있는 것은 별로 없었다. 알렉산데르 6세의 죽음은 결국 체사레의 몰락을 의미했다. 다음 교황인 비오 3세는 체사레에게 그나마 호의를 베풀었지만, 다음 교황이 즉위하면서 상황은 180도 달라졌다. 새 교황 율리우스 2세는 과거 부친의 숙적이었던 델라 로베레 추기경이었기 때문이다. 율리우스 2세는 체사레를 산탄젤로성의 지하감옥에 가두고 얼마 후 스페인으로 이감해버렸다. 세고비아 인근 메디나 델 캄포에서 수감생활을 하던 체사레는 2년 만에 탈출해 프랑스 남쪽의 나바라 왕국으로 도주했다. 화려한 젊은 시절을 회상하며 재기를 꿈꾸었는지도 모르겠다. 1506년 스페인 북부 지역에 거점을 마련하려고 아라곤 왕국과의 전쟁에 나섰지만 결국 창에 찔려 사망했다. 쓰러진 그를 둘러싼 아라곤의 병사들은 화려한 갑옷을 전리품으로 챙기고 매독에 걸려 일그러진 얼굴을 가리던 가죽 마스크마저 벗겨버리곤 벌거벗은 시신의 음부에 붉은 타일 하나만 덮어주었다.

4

콘수엘로 밴더빌트

✦ **세기의 결혼**

1895년 11월 6일 뉴욕의 성 토머스 주교좌성당에는 뉴욕의
거물급 인사들이 모여들었다. 세기의 혼인으로 떠들썩한 결혼식에
초대받은 하객들이었다. 모두 신랑 측은 신부가 궁금했고, 신부 측은
신랑이 궁금했다. '진짜 그 사람이 신랑이라고?' 잠시 후 말로만 듣던
지체 높은 영국 귀족 청년이 건장한 모습으로 입장했다. 이어서 미국
에서 가장 부유한 사업가의 딸이 웨딩드레스를 입고 식장에 들어섰

다. 하지만 신부는 면사포 뒤에서 하염없이 눈물을 흘렸다. 둘은 사랑으로 맺어진 커플이 아니었다.

이날 스펜서 처칠 말버러 공작과 콘수엘로 밴더빌트^{Consuelo}Vanderbilt(1877~1964)는 대서양을 사이에 둔 영국과 미국(과거 영국의 식민지)에서 가장 유명한 부부가 되었다. 미국의 부잣집 딸은 이제 영국의 저명한 귀족 집안의 공작부인이 되었고, 공작은 처가로부터 250만 달러(2023년 기준으로 8,790만 달러쯤 된다)에 상당하는 철도 주식을 지참금으로 받았다. 모친인 윌리엄 키삼 콘수엘로는 런던으로 가는 딸을 위해 커즌가에 선더랜드하우스를 지어주었다. 두 사람의 결혼이 정략결혼이었음은 두말하면 잔소리다. 공작은 결혼식이 끝나고 난 후 자기가 선조들의 고향인 '블레넘궁을 되찾기 위해' 결혼했음을 거리낌 없이 이야기했다. 두 사람은 25년 결혼생활 내내 따로 살았고 결국 이혼했다. 그럼에도 후사는 중요해서 두 아들 존과 아이버를 낳았다. 장남인 존 앨버트 윌리엄 스펜서 처칠은 부친의 뒤를 이어 10대 말버러 공작이 되었다.

밴더빌트 가문은 19세기 중엽 작은 배 한 척으로 시작해서 끝내 미국의 철도왕으로 등극한 코닐리어스 밴더빌트가 일군 그야말로 자수성가한 집안이다. 코닐리어스가 어느 정도 부자였냐면, 남긴 유산이 당시 미국 국민 전체 예금의 1퍼센트에 달했을 정도였다고 한다. 코닐리어스의 손녀로 태어난 콘수엘로는 이 혼인으로 공작부인, 당시 표현을 빌리면 달러 공주^{Dollar Princesse}가 되었다.

이 세기의 결혼식이 치러진 시기를 흔히 도금시대Gilded Age라고 한다. 황금시대도 아니고 도금시대라니 작명에서 어딘지 묘한 냄새가 난다. 도금시대는 1865년 남북 전쟁이 끝난 후부터 불황이 시작된 1893년까지 미국 자본주의가 급속하게 발전한 28년간을 말한다. 문학가 마크 트웨인과 찰스 두들리 워너가 쓴

콘수엘로 밴더빌트

동명의 소설 『도금시대, 오늘날 이야기The Gilded Age: A Tale of Today』에서 유래했다. 평소 비꼬기 좋아하던 트웨인은 돈밖에 모르던 졸부들이 대거 등장한 이 시대를 도금시대라고 풍자했다. 겉만 번지르르한 시대쯤으로 이해하면 된다. 미국의 대부호 집안의 여식과 과거 식민 모국이었던 영국의 유서 깊은 귀족 가문의 아들을 맺어준 이 결혼은 도금시대를 상징하는 결혼 유형이었다. 겉은 멀쩡한데 알맹이는 없어서 어딘가 허전했던 미국의 졸부들은 역사가 오랜 영국의 귀족 가문과 혼인해서 허기를 채우려 했다고 볼 수도 있다. 그런 집안이 한둘이 아니어서 콘수엘로 말고도 미국의 크고 작은 부잣집 따님들이 결혼으로 귀족부인이 되었다. 아주 솔직한 정략결혼의 표본이다.

유럽의 귀족들이 이 좋은 먹잇감을 놓칠 리 없었다. 19세기 후반부터 유럽의 젊은 귀족들 사이에서 미국의 부유한 상속녀 사냥이

크게 유행했다. 특히 영국처럼 장자상속제가 엄격히 지켜지던 곳에서 차남이 살아남는 가장 쉬운 방법은 부유한 상속녀를 차지하는 것이었다. 영국 귀족사회에서 콘수엘로 같은 신붓감은 졸부의 딸, 지참금에 딸려오는 사은품 정도로 보였을지도 모르겠다. 사실 말버러 공작 가문이 미국 여인을 들인 건 처음이 아닌데, 보수당 대표였던 랜돌프 처칠 경은 미국의 부유한 사업가 레너드 제롬의 딸과 혼인해 윈스턴 처칠을 낳았다.

물론 결혼은 혼자 하는 것이 아니기에 신부 측도 뭔가 얻는 게 있었을 것이다. 손바닥도 마주쳐야 소리가 나는 법이니까. 지금이야 그저 돈 많은 게 최고인 걸 당연하게 여기는 세상이 되었지만, 19세기 말까지만 해도 돈만으로는 부족했다. 미국의 신흥 부자들은 구대륙의 귀족 신분을 동경했다. 기회의 땅에서 야수처럼 살아남아 큰돈을 벌었지만, 재력으로 만든 사회적 지위는 어딘지 불완전했다. 구세계에 대한 열등감도 쉽게 사라지지 않았다. 영국 귀족과 결혼한 미국 부호의 딸들을 보노라면 비천한 가문 출신임을 씻어버리고 싶었던 미국 상류층의 드러내기 싫어 하는 자격지심이 엿보이는 것만 같다.

✦ 밴더빌트 가문

콘수엘로는 1877년 3월 2일 뉴욕에서 코닐리어스 밴더빌트의 철도사업을 물려받은 백만장자 윌리엄 키삼 밴더빌트William Kissam Vanderbilt와 그의 첫 부인인 앨바 얼스킨 스미스(1853~1933)의 외동딸로 태어났다. 앨바 얼스킨도 한 성격 하던 여성이었는데, 앨라배마주 출신으로 원면 중개업을 해서 크게 성공한 머레이 포브스 스미스Murray Forbes Smith의 딸로 태어났으며 여성참정권 운동가로 활동했다.

콘수엘로라는 히스패닉식 이름은 그녀의 대모 콘수엘로 이스나가Consuelo Yznaga(1853~1909)에서 따온 것이다. 쿠바 출생의 미국인이자 사교계 명사였던 이스나가 양은 맨더빌 자작 조지 맨체스터와 결혼해서 큰 화제를 불러일으켰다. 아들의 결혼 소식을 들은 제7대 맨체스터 공작은 며느리가 '레드 인디언', 즉 아메리카 원주민이 아닌지 궁금해했다고 한다. 자작이 부친의 작위를 물려받으면서 이스나가 양은 맨체스터 공작부인이 되었다.

콘수엘로 밴더빌트의 모친은 딸의 교육과 혼사에 유난스러웠던 것으로 알려져 있다. 한마디로 치맛바람깨나 일으키고 다녔던 모양인데, 대모인 이스나가처럼 자기 딸도 최고의 신랑감을 맞이해야 한다고 생각했다. 콘수엘로가 남긴 자서전[48]에 따르면, 앨바는 딸의 자세를 교정하려고 척추를 따라 허리와 어깨를 고정하는 강철로 만든 자세보정기구를 착용시켰다. 교육도 학교가 아닌 가정교사를 통한 일종의 홈스쿨링을 고집했다. 앨바는 사소한 실수에도 엄하게 꾸짖었고, 사랑의 매로 승마용 채찍을 들었다. 10대 시절 어머니가 골라준 옷을 입기 싫다고 투정 부리는 딸에게 앨바는 이렇게 말했다고 한다. "생각은 내가 한단다. 너는 그저 시키는 대로 하면 돼요."

결혼 적령기에 들어선 콘수엘로 주변에는 귀족 부인의 타이틀을 미끼로 지참금을 챙기려는 귀족 남성들이 들끓었다. 여러 혼처를 제안받은 앨바는 그중 바텐베르크의 프랜시스 조제프 왕자를 딸에게 소개했다. 하지만 콘수엘로는 자신보다 열여섯 살이 많은 왕자를 단칼에 거절했다. 이에 대해 앨바는 별다른 불만을 제기하지는 않았던 모양인데, 그만큼 딸의 상품 가치에 자신만만했기 때문이다. 무엇보다 콘수엘로는 미인이었다. 그녀의 미모에 대해 『피터팬』의 작가 제임스 베리 경은 "콘수엘로 말버러가 마차에 타는 것을 볼 수만 있다면 하루 종일 거리에 서 있을 수도 있습니다"라고 썼다. 많은 젊은 남성이 그녀의 "길고 가느다란 목, 아름다운 계란형 얼굴, 짙고 긴 속눈썹 뒤에 빛나는 크고 검은 눈, 미소를 지을 때면 하얗게 빛나는 작은 치아와 깊은 보조개"에 감명을 받았다. 영국에서 그녀는 에드워드 시대에 유행했던 '슬림하고 타이트한 룩'을 상징하는 여성이 되었다.

✦ 말버러 공작부인이 되다

마침내 찰스 스펜서 처칠, 제9대 말버러 공작이 신랑으로 낙점되었다. 이 혼담을 중매한 인물은 아서 파짓Arthur Paget 경의 아내 레이디 파짓이었다. 미니Minnie라는 닉네임으로 불렸던 레이디 파짓

217

은 결혼 전 유산을 수백만 달러 물려받은 상속녀로 소문이 났지만 실제 재산은 보잘것없었다. 그래서 결혼 후에도 돈이 부족했던 이 여성은 미국의 부유한 상속녀를 영국 귀족에게 소개하는 일종의 국제결혼 중개전문가가 되었다.

결혼이 일사천리로 진행된 것은 아니다. 콘수엘로 밴더빌트는 말버러 공작에게 전혀 관심이 없었다. 그녀에게는 숨겨둔 애인이 있었다. 콘수엘로는 애인과 남몰래 약혼했지만, 모친에게 발각되고 말았다. 콘수엘로는 사랑의 도피를 계획했지만, 앨바는 남자를 살해하겠다고 위협했다. 자서전에 따르면 앨바는 딸이 고집을 부리자 병에 걸려 죽어가는 척했고, 마음 약한 딸은 공작부인의 삶을 받아들였다.

미국에서 건너온 콘수엘로는 영국 귀족사회의 유명인사가 되었다. 그러나 공작 부부의 형식적 부부생활을 고려할 때 이들이 갈라서는 것은 시간문제였다. 결혼한 지 몇 년 후 콘수엘로는 헤어진 연인과 재회했고, 그와 함께 파리에서 2주간 밀회를 즐겼다. 그녀는 남편에게 애인과 함께 떠나겠다고 선언했는데, 이 때문에 훗날 공작의 두 번째 부인은 공작의 둘째 아들 아이버가 친자가 아니라고 주장하기도 했다.

아무튼 이혼에 동의하지 않은 공작은 1900년 사촌인 윈스턴 처칠과 함께 남아프리카 전쟁에 참전하려고 떠났다. 6개월 후 귀국한 남편에게 공작부인은 그동안 자신이 공작의 사촌인 레지널드 펠로우스와 관계했다고 이야기한다. 콘수엘로는 레지널드 외에도 그녀의 초상화를 그려준 화가 폴 세자르 엘뢰Paul Cesar Helleu와도 밀회를 나눈 것으로 보인다. 엘뢰의 딸 폴레트는 아버지와 콘수엘로가 1900년에서 1901년 사이에 연인이 되었고, 두 사람 관계는 공작이 파리로 돌아온 이후에도 계속되었다고 했다.

상황이 이 지경이니 공작 부부의 관계가 파국을 맞이한 것은 어찌 보면 당연한 일이다. 공작은 콘수엘로보다 네 살 어린 또 다른 미국 여성에게 눈을 돌렸다. 공작부인은 복잡한 사생활을 계속 이어 갔고, 이번에는 유부남이었던 제7대 런던버러 후작과 사랑의 도피를 시도했다. 1906년 말버러 공작 부부는 별거에 들어갔고, 1921년 이혼에 합의했다. 그리고 1926년 공작의 요청을 콘수엘로가 받아들임으로써 이혼 대신 혼인무효가 선언되었다.[49]

혼자가 된 콘수엘로는 곧 프랑스의 유명한 비행가 자크 발상과 재혼했다. 그녀는 제2차 세계대전이 일어나기 전까지 파리에서 멀지 않은 곳에서 살았다. 성격이 좋았는지 공작과의 결혼이 취소된 후에도 그녀는 전남편의 친척들과 가까이 지냈다. 특히 윈스턴 처칠과는 오래도록 관계를 유지했다. 처칠은 프랑스에 사는 숙모를 자주 방문했다.

1932년 남편과 함께 뉴욕으로 돌아온 그녀는 곧 플로리다주 남동쪽에 있는 작은 해변마을 머널러편에 저택을 짓고 어머니를 기리려고 카사 앨바Casa Alva라는 이름을 붙였다. 1956년 매각된 이 저택은 여전히 존재하며 2013년 경매에 부쳐졌다.

콘수엘로와 윈스턴 처칠, 1902

제1차 세계대전 동안 콘수엘로는 미국 여성 전쟁구호기금의
경제구호위원회 의장으로 봉사했다. 전쟁 기간에 그녀는 재봉틀 회
사로 유명한 싱어 가문의 상속녀 위너레타 싱어Winaretta Singer[50]와 함
께 노동자를 위한 의료기관 포치병원Hospital Foch을 세웠다. 밴더빌
트 가문의 딸로 태어나 영국의 공작부인으로 그리고 다시 프랑스인

비행사의 아내로 파란만장한 삶을 살아온 콘수엘로는 1964년 12월 6일 뉴욕주 롱아일랜드 사우샘프턴에서 사망했다. 그리고 한때 자신이 살았던 블레넘궁 인근의 옥스퍼드셔 성 마틴 교회묘지에 둘째 아들 아이버와 나란히 묻혔다.

낯설고 신기한
귀족의 세계

◆

귀족의 영어 표현인 노빌리티는 라틴어 형용사 노빌리스의 명사형 노빌리타스에서 파생했으며 노빌리스는 '고귀한, 명망 있는'이라는 뜻이다. 귀족은 영국, 프랑스는 물론 나중에는 일본에도 있었고 현재의 영국에도 있지만 귀족이 귀족이 되는 방법은 나라마다 약간 차이가 있다. 귀족이 도대체 무엇이고 시대마다 귀족의 의미는 무엇이었으며 귀족은 무슨 일을 하며 살았는지 낯설고 신기하기만 한 귀족의 세계로 한 발 더 들어가 본다.

1

그래서 귀족이 뭔가요

✦ **귀족의 개념 정의**

귀족의 영어 표현인 노빌리티는 라틴어 형용사 노빌리스^{nobilis}의 명사형 노빌리타스^{nobilitas}에서 파생했다. 'nobilis'는 '고귀한, 명망있는'이라는 뜻이다. 고대 로마 사회에서 귀족은 업적을 쌓아 집정관[51]을 지낸 가문의 후손을 지칭했는데, 점차 정치적인 지배계급을 일컫게 되었다. 5세기 중엽 서로마제국이 몰락하면서 로마의 귀족들은 대부분 명맥을 잃었지만, 유럽에 새로운 질서가 형성되고 기사 집단이 나타나면서 새로운 모습의 귀족이 등장했다.

　　동서양의 여러 사회에서 발견되는 귀족은 지역과 시기에 따라 다양한 기능과 모습을 보이지만 대체로 부계에 따라 세습되는 다양한 특권을 누리는 왕족 다음의 신분으로 정의할 수 있다. 여기에서

로마공화정 말기의 장군이자 정치가로 일곱 번이나 집정관을 지낸 가이우스 마리우스(좌측)

신분은 출생으로 사회적 지위가 결정되는 상태를 의미한다. 경제적인 생산관계 속에서 개인의 능력과 노력에 따라 결정되는 계급과 구별되는 개념이다.

귀족이 무엇인가에 대답하기 전에 기억해야 할 전제조건이 있다. 먼저 '사회'다. 귀족이 존재하려면 이를 인정해 주는 타자, 즉 다른 사회구성원이 존재해야 한다. 귀족만으로 구성되는 사회는 존재하지 않는다. 모든 구성원이 동일하게 귀족의 특권을 누린다면, 이는 특권이 아니라 권리가 된다. 두 번째로 귀족은 개인이 아닌 집단의 개념이다. 이들은 일정한 특권을 누리는 비교적 동질적인 집단으로 존재한다. 오직 한 명으로 존재하는 것은 국왕뿐이다.

귀족의 법적 특권을 인정하는 국가에서는 선조가 귀족임이 입증되고 공인된 문장이 있으면 법적으로나 사회적으로 귀족 가문의 자격을 인정받았다. 15세기 카스티야와 나바라에서는 전체 인구의 10~15퍼센트가 이 조건에 부합하는 귀족이었고 폴란드, 헝가리, 스코틀랜드에서는 약 5퍼센트에 달했다. 반면 잉글랜드와 프랑스에서는 1~2퍼센트만이 귀족의 법적 특권을 주장할 수 있었다.

✦ 유럽의 귀족은 어떻게 만들어졌을까

누가 어떻게 귀족으로 인정받을까? 먼저 국왕이 인정하는 자는 귀족이라고 할 수 있겠다. 하지만 이는 다소 결과론적 서술이다. 왕국이 아닌 곳에서도 귀족은 존재할 수 있기 때문이다. 왕국이라고 해도 국왕의 인정이 절대적 기준은 아니다. 영국에서는 국왕의 작위 수여와 승인이 귀족의 기준이었던 반면 프랑스에서는 일정 기간(대략 3세대) '귀족답게 살기'라는 다소 애매한 방식으로 귀족이 될 수 있었

이민족의 침입

다. 따라서 국왕이 누군가를 귀족으로 인정하기 전에 귀족의 존재가 불가피했던 국왕이 귀족의 존재를 인정할 수밖에 없었던 역사적 배경을 고려할 필요가 있다.

　7세기 이후 유럽을 침략한 남쪽의 무슬림과 북쪽의 바이킹 그리고 동쪽의 마자르가 혼란과 불안을 가중하면서 주민들을 보호할 수 있는 무장세력, 즉 기사를 중심으로 하는 사회가 구성되기 시작했다. 기사가 사회적으로 중요해짐과 동시에 봉토 제도가 발달했다. 기사들 사이에는 주군과 봉신 관계가 형성되었고, 상위 귀족이나 군주에게 충성과 군사적 봉사를 맹세하고 그 대가로 봉토를 받는 기사들이 나타났다.

　기사들이 처음부터 따로 있던 것은 아니며 농민들이 기사로 동원되었다. 농민 외에 신분이 자유로운 기사들이 있었지만 이 차이는 큰 의미가 없었던 것 같다. 하지만 기사가 된 농민은 곧 엄청난 사회적 추진력으로 맨 밑바닥 신분에서 벗어나기 시작했다. 기사 계층으로 가는 출입문이 닫히기 시작한 것은 12세기경의 일이다. 바르바로사 황제[52]는 1180년경 기사 집안 출신 기사만이 2인 결투를 할 수 있다고 규정하면서 사제와 농부의 아들이 기사가 되는 것을 금지했다. 얼마 뒤에는 기사 부모에게서 태어난 아들이 기사가 되는 것이 일반화되기 시작했다. 기사 집단은 서서히 귀족 신분으로 세습화했다. 국왕이 정한 법에 따라 세금을 내지 않아도 되거나, 봉토를 보유하거나, 귀족 호칭을 세습할 수 있거나, 기사단에 입단하고 의회에서 귀족석에 착석할 수 있는 자들은 귀족으로 간주한다는 관습적 개념이 확립되기 시작했다. 중세 후기에 이르러 국왕의 권력이 확장되자 귀족을 결정하는 국왕의 역할도 점점 중요해졌다. 국왕은 귀족계급의 후원자로서 귀족의 봉사를 받았고, 무엇보다도 그 자신이 귀족이었다.

✦ 귀족의 특권과 의무

신분제 사회에서 귀족은 법과 제도에 따른 존재였지만 동시에 선입견의 산물이기도 했다. 유럽의 왕과 제후는 잉글랜드의 가터 기사단, 프랑스의 성 미셸 기사단 같은 기사단을 경쟁적으로 설립하고 전쟁터에서 무용, 충성심, 용맹, 관대, 예의 등 이상적인 기사도의 미덕을 보여준 기사를 우대했다. 이들 기사단은 가입 자격이 엄격하게 제한되었지만, 그들이 찬양한 미덕은 마치 귀족 전체의 특징처럼 여겨졌다. 그리고 이러한 미덕은 곧 명예의 문제가 되었다. 교수형을 거부하고 참수형을 당할 권리는 귀족의 명예가 걸린 문제로 여겨졌기 때문이다. 귀족은 자신의 명예를 목숨보다 소중히 여겼는데, 명예는 인간관계, 다시 말해 보는 이와 보여주는 이 사이에서 일어나는 현상이다.

귀족의 지위에는 명예와 같은 추상적 특권 외에 우선권을 비

프랑스 왕국의 장 드 베리 공작의 호화로운 삶을 보여주는 그림

롯한 다양한 특권이 따랐다. 귀족은 자신의 직위와 소유재산을 근거로 특권을 누렸다. 프랑스대혁명 이전에 유럽의 귀족들은 일반적으로 영지에 거주하는 농민들에게 연간 수확량의 일부나 임대료, 방앗간 같은 시설 사용 요금과 더불어 다양한 형태의 노동을 요구할 수 있었고, 사법권을 행사하기도 했다. 사냥의 특권과 결투의 권리를 행사했고, 16세기 종교개혁 시기에는 자신이 다스리는 영토의 종교를 결정할 수도 있었다. 영국 귀족들과 달리 프랑스 귀족들은 직접세인 타유taille를 면제받았다. 프랑스대혁명 직전, 재정난에 빠진 국왕이 귀족들에게 과세하려는 카드를 만지작거리자 귀족들은 여지없이 반조세 투쟁에 나섰다. 이는 경제적 이유이기에 앞서 자존심과 긍지의 문제로 여겨졌다. 미라보의 말대로 귀족은 "가치와 헌신fidelite에 대한 가장 강한 선입견을 지닌 국민의 한 부분"이었고, 면세 특권은 그러한 귀족들에 대한 보상이자 명예로 간주되었기 때문이다.

당연한 이야기지만 귀족의 특권에는 의무가 따랐다. 귀족의 가장 중요한 의무는 고귀하게(귀족답게) 사는 것이었다. 이에 대한 가장 그럴듯한 표현이 노블레스 오블리주다. 관대함, 자비심, 약자 보호, 전장에서 등을 보이지 않는 용맹함과 같은 도덕적 의무 외에 군사적 봉사, 국왕에 대한 조언, 정치와 행정, 교회 수호를 내용으로 하는 현실적 의무도 있었다. 하지 말아야 할 것도 있어서 육체노동과 같은 낮은 계층의 일도 금지되었다. 영국, 이탈리아, 스페인을 제외하면 귀족은 상업활동을 할 수 없었다.

✦ 귀족의 재산

하지만 이러한 특권과 의무, 독특한 가치관이 귀족의 본질은 아니었다. 사실 귀족의 진짜 핵심은 토지에 있었다. 귀족은 국왕이나 국가가 지위를 보장하는 지주였고 토지를 세습해서 소유했다. 재산과 소득 면에서 귀족은 당연히 부자였다. 한 나라에서 귀족 집단이 차지하는 토지는 상당한 수준이어서 프랑스대혁명 직전에 전체 인구의 2%가 채 되지 않던 귀족이 전체 토지

'가난한 귀족은 사냥과 낚시로 연명한다'
(파리국립도서관)

의 20%를 소유했다. 영국에서는 토지의 3분의 1 이상이 귀족과 젠트리 소유였는데, 영국에서 최상층 귀족은 5만 에이커, 서울 3분의 1 정도의 땅을 소유했다. 19세기 말에 이 정도 규모의 땅을 소유한 귀족이 115명 정도 있었다.

산업혁명 이전까지 부의 원천은 전적으로 토지였다. 상공업이 발전하면서 도시민, 즉 부르주아 계급이 부상했지만, 18세기 말까지 사회를 지배한 이들은 넓은 토지를 소유한 귀족들이었다. 물론 이들이 단순히 땅부자이기만 했던 것은 아니다. 귀족들은 오랜 세월 부와

특권을 세습하면서 독자적인 문화와 전통을 만들어냈다. 귀족은 고상한 생활방식에 따라 사회적 신분이 표시되는 존재였고 기사도, 정치적 영향력, 하층민과 차별성, 부의 화려한 과시 등이 모두 합쳐져 귀족의 명예와 남다름을 확보할 수 있었다.

　　물론 부유하거나 영향력이 있다고해서 반드시 귀족인 것은 아니며 모든 귀족이 부유하거나 영향력이 있었다고 말할 수는 없다. 귀족은 다양한 방식으로 재산을 잃을 수 있었다. '가난한 귀족'은 귀족 자체만큼이나 오래된 개념이었다. 귀족 가문과 비귀족 가문의 사회적 구분이 늘 선명했던 것도 아니다. 신흥부호는 귀족을 조상으로 두지 않았어도 귀족처럼 살 수도 있었고, 한미한 가문 출신의 남성이 국왕에 대한 봉사로 귀족 지위에 오를 수도 있었다. 오랜 전통을 지닌 귀족 가문이 상속인의 파산이나 정치적 판단 착오로 졸지에 망할 수도 있었다.

　　귀족의 군사적 속성도 시대에 따라 변했다. 중세 초 기사는 가공할 전투력을 자랑했지만, 중세 말 이후 전장에서 기사의 우월성은 크게 위협받았다. 화약 무기의 등장과 보병 전술의 혁신으로 중무장한 기사의 파괴력이 약해졌고 장창병, 궁수, 대포의 중요성이 커지면서 기사의 군사적 위상도 흔들렸다.

✦ 어떻게 차별화할 것인가

견고하게 유지되던 귀족의 사회적 지위가 흔들리고 여기에 사회경제적 발전으로 새로운 유형의 엘리트가 등장하면서 귀족임을 주장하는 자들은 자신이 누리는 지위의 배타성과 사회적 차별성을 주장하려 정교하고 때로는 기상천외한 방책을 강구했다. 높이가 14m나 되는 식탁 장식물을 설치하고 여러 날에 걸쳐 수백 가지 요리가 나오는 호화스러운 잔치, 사치스럽고 값비싼 옷과 구두, 화려하다 못해 기괴해 보이는 헤어스타일에 이르기까지 시각적으로 각인될 수 있는 차별화 수단이 시도되었다. 귀족 남성은 몸에 꼭 끼는 상의에 스타킹을 입고, 길고 뾰족한 구두를 신기 시작했으며, 귀족 여성은 켜켜이 겹친 비단옷을 입고 화려한 꽃 줄로 만든 머리장식을 드리우며 자기 지위를 드러냈다. 그들은 엄청난 수의 가솔(1400년경 프랑스의 베리 공작은 사냥개 400쌍과 하인 1,000명을 몰고 다녔다)을 거느리고 정교한 의식이 따르는 마상 경기와 호화로운 행렬에 참가하며 위세를 과시했다. 귀족은 때로는 저술가와 예술가를 후원함으로써, 때로는 직접 세련된 시인이 됨으로써 자신의 문화적 취향과 재능을 강조했다.

이 모든 활동의 핵심은 드러냄과 인정받기다. 다시 한번 강조하지만 귀족은 타인에게 인정받을 때 비로소 존재한다. 근대에 이르러 사회적 인정 방식, 즉 귀족을 다른 사회집단과 구별하는 방식은 한층 더 정교해지고 다채로워진다. 예를 들어, 신흥 엘리트층이 강화되면서 귀족은 출생을 강조하기 시작했다. 17세기 초에 한 프랑스인은 귀족의 천부적 우월함을 이렇게 설명했다. "귀족은 아벨로부터 유래하고 노아의 자식들이다. 평민들은 카인으로부터 나왔고 방주에 타고 있던 노아의 시종들이었다."[53] 오랜 시간 전투로 이름을 떨친 선조들의 후광과 그 피를 물려받은 선배 귀족들은 그들이 다른 방식으로 귀족이 된 신흥귀족과 구별되기를 바랐다. 그래서 혈통의 순수함과 유구함을 진정한 귀족의 척도로 여기기 시작했다. 전사의 미덕과 용맹함은 여전히 중요했지만, 이제 가문과 출생 그리고 혈통의 중요성이 미덕과 용맹함을 낳은 뿌리로 여겨진 것이다. 1604년 프랑스의 한 귀족은 궁정에서 출세하기를 희망하는 젊은이에게 이렇게 충고했다.

> 황제와 국왕, 왕비와 공작, 공작부인, 후작과 후작부인, 백작과 백작부인, 또 다른 높은 분들의 궁정을 따를 생각이라면 먼저 태생이 귀족이어야 한다네. 다시 말해 오랜 가문 출신이어야 한다는 것이지. 선조들이 걸어온 길을 좇아야만 하는 한 귀족이 자기 혈통의 이름과 명예를 더럽히는 것은 고귀한 업적을 이루는 데 실패한 평민보다 더 큰 비난을 받아 마땅하다네.[54]

귀족의 기능과 이미지는 카멜레온처럼 변화해서 문화를 향유하는 능력도 귀족의 자질로 포섭해 버렸다. 전사의 소명을 귀족의 이상으로 간주하던 시대에만 해도 문화적 소양 따위는 귀족과는 무관한 개념이었다. 중세시대에 문화적 소양을 뽐내는 귀족이 있었다면 쉽게 웃음거리가 되었을 가능성이 높다. 귀족의 최우선 자질은 그저 용맹함이었고, 그래서 귀족에게는 격정적이고, 허영심 많고, 무지하고, 야만스럽다는 이미지가 만들어졌다. 하지만 이러한 이미지는 17세기 중엽에 이르러 상당 부분 약해진다. 전장에서의 용맹함을 떠들어댄 자들이 완전히 사라진 것은 아니었지만, 귀족의 전사적 기능이 약해지면서 문화적·정치적 소양을 갖춘 이미지가 보편화되었다.

근대 이후 귀족은 출생과 더불어 특정한 형태의 문화, 자격, 올바른 매너에 대한 기준을 제시했다. 신흥 엘리트 집단이 귀족사회로 진입하자 전통적인 귀족 그러니까 시기적으로 먼저 귀족이 된 선배들은 신참과 구별되려고 끊임없이 구별 기준을 개발한 셈이다. 동시에 귀족 자제들, 특히 아들 교육에도 각별한 관심을 기울이기 시작했다. 출생과 전투 능력만큼이나 문화적 소양도 귀족의 상징적 표식이 되었기 때문이다.

2

귀족 되기

✦ 귀족이 되는 여러 가지 방법

귀족은 출생으로 세습된다. 아버지가 귀족이면 아들도 귀족
이 된다. 맞는 이야기다. 하지만 이게 전부는 아니다. 귀족 집단은 결
코 닫힌 것이 아니었다. 그것은 살아 숨 쉬는 생물처럼 생성과 성장,
도태를 반복하며 언제나 만들어졌고, 귀족의 입구와 출구는 크건 작
건 언제나 열려 있었다. 어떤 귀족은 2~3세대에 걸쳐 귀족의 영지
와 저택을 사고 전쟁터에 나가는 노력으로 귀족이 되기도 했고, 작위

를 부여하는 관직을 구매하거나 국왕이 발행하는 귀족서임장lettre d'anoblissement을 사서 귀족 집단에 진입하기도 했다. 반대로 어떤 귀족 가문은 경제적 곤궁을 견디다 못해 귀족답지 않은 직업을 선택함으로써 평민으로 강등되기도 했다. 게다가 잦은 전쟁으로 아들이 죽거나 대를 이을 아들을 얻지 못한 가문은 언제나 귀족 집단에 크고 작은 구멍을 만들었다. 그래서 귀족은 늘 '새로운 피'를 수혈받아야 했다. 새로운 피, 즉 신입 멤버가 존재하지 않았다면 귀족은 이미 오래전에 사라졌을 것이다.

프랑스에서 귀족 되기는 꽤 단순해 보이는 작업이었다.[55] 3세대 동안 일정한 규범을 준수하는 생활방식, 즉 귀족답게 살기를 유지하는 것으로 충분했다. 귀족답게 살기에 대해 15세기 프랑스의 국왕은 "귀족답게 살며 귀족이 해서는 안 되는 일을 하지 않는"이라는 단순한 답을 제시했다. 귀족이 해서는 안 되는 일이란 무엇인가? 귀족은 금전을 다루는 일, 특히 이자를 받고 돈을 빌려주는 일은 할 수 없었다. 관대함은 귀족의 중요한 덕목 중 하나였는데, 이자를 받는 일은 관대함과는 양립할 수 없는 것으로 여겨졌다. 마찬가지로 땅을 일구는 노동을 제외한 모든 육체노동도 금지되었다.[56]

그렇게 한 가문이 이러한 규범을 지키며 생활할 수 있다면 그 집안은 귀족임을 주장할 수 있었고 그렇게 인정받았다. 16세기 브르타뉴 지방의 관습에 따르면 "귀족적 상태를 유지하고 귀족처럼 행동하는 사람들은 그에 반하는 증거가 나오기 이전까지 귀족으로 간주"

되었다. 즉 동네 주민들이 귀족으로 보느냐 아니냐가 결정적 증거였다. 귀족임을 입증하려면 두 증인이 내 조부와 부친이 귀족답게 살았음을 선언하는 것으로 충분했다. 마을 유지로 행세했고, 대검이나 문장과 같은 귀족의 외적 징표를 보여주었고, 마을 사람들이 기억하기에 그 집안이 세금을 낸 적이 없다면, 또 말과 갑옷과 무기를 소유하고 전쟁에 참여하는 고통을 감수했다면 귀족임을 인정받았다. 중세 말까지도 평민과 귀족의 경계는 38선과는 달랐다. 15~16세기는 이런 측면에서 특화된 시기였는데, 백년전쟁과 흑사병으로 귀족은 큰 손실을 입었지만 새로운 귀족의 영입으로 상처를 치유했다. 16세기 보스와 바이유 지방에서는 백 년이 안 된 귀족 가문이 각기 전체의 60퍼센트와 70퍼센트를 차지했다.

국가 행정기구가 발전하면서 늘어난 관직도 귀족 되기의 중요한 통로가 되었다. 17세기 이전에 대다수 법과 관련된 관직 종사자는 곧바로 귀족이 되지는 못했지만, 사회적 위신과 유용한 인맥이 생기면서 귀족으로 가는 길이 열렸다. 성급한 이들은 국왕에게 중요한 봉사를 바치거나 일정 금액을 지불하는 대가로 귀족서임장을 받아내기도 했다. 이 도깨비방망이는 중세시대에 그 비중이 미미했고 16세기까지도 크게 인정받지 못했지만,[57] 17세기 절대군주정이 확립되면서 상황이 크게 변했다. 중앙집권화된 권력을 구축한 국왕은 귀족 집단을 통제하려 했고, 국왕이 신분을 보장하는 귀족 개념이 크게 부각되었다. 특히 관직 보유를 통한 귀족화가 공식화되어 이제 국왕

폴란드 국왕 스타니슬라스 레슈친스키의 귀족서임장, 1766년 1월 13일

의 법관들은 귀족이 자연적 산물이 아니라 군주의 창조물이라고 주장하기 시작했다. "누군가를 보통의 평민보다 우월하게 해주는 귀족의 자격은 군주가 정한다." 귀족의 타고난 미덕을 부정하지는 않지만 그것만으로는 불충분하다는 것이다.

관직 보유로 귀족화에 성공한 자들을 법복귀족이라고 한다. 관직은 말 그대로 공적 업무를 담당하는 직책으로, 관직 보유자 중 일부, 특히 고위직의 경우 첫 세대부터 귀족이 되었고, 다른 관직자들은 2세대 이상을 기다린 후 귀족으로 인정받았다. 관직은 매매가 가능해서 그 판매 수입이 왕정 수입의 큰 부분을 차지했기에 늘 재정 궁핍에 시달리던 군주들은 지속적으로 관직을 판매했고, 그에 따라 법복귀족의 수도 증가했다.[58]

✦ 영국의 귀족과 프랑스의 귀족

영국의 경우는 프랑스와 사정이 달랐다. 전 유럽에서도 이 섬나라는 많은 부분에서 예외를 좋아했나 보다. 노르만 정복 이후 잉글랜드의 귀족은 전적으로 국왕이 만들었다. 오늘날 영국의 세습 귀족은 잉글랜드와 스코틀랜드, 아일랜드의 귀족 관련 제도가 결합한 산물이다. 잉글랜드의 백작earl은 앵글로색슨의 제도다. 11세기 초 잉글랜드는 주shire와 군county을 행정 단위로 두고 있었는데, 각 주는 백작이라고 불린 지역 유력자가 통치했다. 백작 한 명이 여러 주를 통솔할 수도 있었다. 11세기 노르만족이 잉글랜드를 정복한 이후 백작이 완전히 사라진 것은 아니지만 지방 행정은 주로 주장관sheriff에게 맡겨졌다. 이후 백작은 주에서 재판 수수료 일부를 챙기는 특권과 함께 하나의 관직처럼 여겨졌다. 대다수 봉건 관직처럼 백작도 세습되었지만 국왕은 백작의 사임이나 변경을 요구할 수 있었다.

윌리엄 정복왕과 후계자 헨리 2세는 공작을 만들지 않았다.

자신들이 노르망디와 아키텐의 공작이었기 때문이다. 하지만 백년전쟁이 시작된 후 프랑스 국왕임을 주장한 에드워드 3세는 자신의 자식들을 공작으로 서임하여 다른 귀족과 차별화를 시도했다. 이후 백작보다 상위인 후작과 하위인 자작이 만들어져 귀족의 서열이 정교해졌다.

정복왕 윌리엄. 프랑스 바이외 태피스트리

영국의 왕들은 부족한 재정 문제를 해결하거나 조언을 얻으려고 고위성직자와 귀족들을 대참사회에 소집하곤 했다. 15세기에 귀족들의 의회 출석은 점점 더 중요한 의미를 갖게 되었고, 귀족의 세습적 권리에 대한 요구도 제기되기 시작했다. 공작·후작·백작·자작·남작의 서열이 분명해졌고, 먼저 귀족 작위를 보유한 자는 최근에 만들어진 귀족에 대한 우선권을 인정받았다. 귀족 작위를 보유한 자는 아들에게 이를 세습할 수 있었다. 자식이 없다면 다른 형제가, 만일 외동딸이라면 사위가 가문의 토지와 작위를 물려받는 제도가 정착되었다.

영국 귀족의 작위는 원칙적으로 개인에게 수여되어 세습되었지만, 실제로 작위와 작위의 이름을 달고 있는 영지는 만들어지기도, 변화하기도, 사라지기도 했다. 대가 끊기면서 가문이 사라질 수도 있었고, 작위 소유 가문이 바뀌기도 했고, 백작령이 공작령으로 승격되기도 했다. 리치먼드 백작령을 살펴보자. 이 땅은 잉글랜드 북부 요크셔의 중앙쯤에 있다. 제1대 리치먼드 백작으로 알려진 사람은 에드먼드 튜더인데, 그 손자가 꽤 유명하다. 종교개혁을 단행하고 여섯 번이나 결혼한 헨리 8세가 그의 손자다. 하지만 리치먼드 백작령의 역사는 그보다 훨씬 오래되었다. 영국사에서 리치먼드 백작령은 여러 차례 주인을 바꿨다. 최초의 리치먼드 백작은 앨런 루퍼스Alan Rufus(1040~1093)로, 그는 노르망디 공작 윌리엄의 잉글랜드 정복에 참여했던 인물이다.[59] 알란 루푸스 사후에는 남동생이 백작령을 계승했다. 13세기에는 잠시 사보이의 피터Peter of Savoy에게 리치먼드 백작 칭호가 부여되었지만, 15세기에 이르러 이 땅은 베드퍼드 공작 존 플랜태지닛의 차지가 되었다. 그러다가 1453년 헨리 6세가 이 땅을 이복형제인 에드먼드 튜더에게 선물했고, 튜더 가문이 왕위를 차지하면서 백작령은 왕령지로 흡수되어 공작령으로 승격되었다. 다소 정신이 없을지 모르나 땅 주인도 타이틀도 자주 바뀌곤 했다는 점을 기억하면 된다.

3

귀족의 작위와 위계

✦ 공작·후작·백작·자작·남작의 신화

공작·후작·백작·자작·남작은 귀족의 종류를 말할 때 가장 먼저 떠오르는 위계다. 그런데 이 위계만큼 많은 오해를 불러일으킨 것도 없다. 공작·후작·백작·자작·남작의 위계는 영국과 같은 나라에서, 대륙에서는 특정 시기에만, 나중에는 메이지유신 이후 일본에서 그리고 카드 게임에서나 통용될 뿐이기 때문이다.

일단 공작·후작·백작·자작·남작의 순서를 잘 지키는 영국의 귀족제peerage를 자세히 들여다보자. 2022년 현재 영국에는 세습 귀족이 807명 존재한다. 공작·후작·백작·자작·남작의 엄격한 위계에 따라 공작 29명, 후작 34명, 백작 190명, 자작 111명, 남작 443명이 존재한다. 여기에 자녀에게 작위가 상속되지 않고 당대에만 유지되는 일대귀족life peer 그리고 '경sir'으로 불리고 세습도 되지만 귀족으로 간주하지 않는 준남작baronnet이 추가된다. 일대 귀족은 통상 남작의 작위를 받는다. 세습 귀족은 장남이 작위를 계승하며 차남 아래는 귀족이 아니다. 다만 공작과 후작의 차남에게는 이름 앞에 로드라는 칭호를, 자작과 남작의 차남에게는 아너러블이라는 칭호를 붙인다.[60]

영국의 귀족제는 정리하기가 그나마 쉬운 편이다. 왜냐하면 대륙으로 건너갈라치면 상황이 몹시도 복잡해지기 때문이다. 프랑스에서 공작·후작·백작·자작·남작의 귀족 위계는 사실상 별다른 의미를 갖지 못한다. 글 쓰는 이에게나 독자에게 몹시 불편하게도 대륙에서 귀족의 위계 문제는 대단히 복잡하다. 다시 한번 프랑스가 주범이다.

프랑스에서 귀족의 사회적 지위와 위계는 작위만으로 결정되지 않는다.[61] 작위와 더불어 서열rank(프랑스어로 rang)이 있었으니, 이 서열에 따라 귀족 사이의 위계는 왕족(직계와 방계)[62], 대귀족, 일반귀족으로 구별되었다. 예컨대 직계 왕족에 속하는 오를레앙 공작 필리프 드 프랑스는 공작이었지만, 촌수가 먼 방계 왕족보다 높은 위계에 있었다. 『루이 14세와 베르사유 궁정』을 집필한 생시몽 공작은 같은 공작이

프랑스의 대검귀족이자 부르봉 가문의 수장 역할을 했던
앙리 2세 드 부르봉 콩데(1588-1646)의 초상화

지만 왕족인 오를레앙 공작보다 지위가 낮았다. 백작이라고 해서 반드시 공작보다 지위가 항상 낮은 것도 아니었다. 수아송Soissons 백작인 콩데 공Prince de Conde(1604~1641)은 작위는 백작이지만 왕족인 부르봉 가문의 일원이었기에 다른 공작보다 더 귀하신 분이었다. 한편, 프로방스 백작 루이 스타니슬라스 자비에 드 프랑스는 백작이지만 프랑스의 왕손이므로 방계 왕족인 수아송 백작보다 위계가 높았고, 당연히 생시몽 공작보다 우월했다.

안 그래도 복잡한 귀족의 위계를 더 복잡하게 만드는 부류가 있었으니 바로 외국 출신 왕족Prince etranger이다. 명칭에서 알 수 있듯이 이들은 로렌 공국의 기즈 가문이나 브르타뉴 공국의 로앙 가문처럼 왕국이나 공국 출신으로 프랑스에 정착한 귀족들이다. 이들은 프랑스 왕족보다는 아래지만 대다수 프랑스 귀족보다는 높은 위계를 인정받았다. 하지만 이게 끝이 아니다.

마지막으로 고려해야 할 기준이 하나 더 있는데 바로 중신Pair이다. 중신으로 번역되는 '페르'는 라틴어 형용사 paris(지위에서 동등한)에 어원을 두고 있다. 주의할 것은 프랑스어 pair와 영어 Peer는 모두 어원이 동일한 단어이지만 의미가 전혀 다르다는 점이다. 영국에서 피어는 모든 귀족을 가리키는 말이지만 프랑스에서 페르는 귀족 중 극히 일부에게만 부여된 호칭이다. 프랑스 귀족 사이에서는 중신인가 아닌가가 공작, 후작을 확인하는 것보다 더 중요했다. 그래서 왕족 다음으로 위계가 높은 귀족은 공작-중신Duc et Pair이었다.

프랑스에서 중신은 작위와 무관해서 같은 공작이나 백작이더라도 중신일 수도 있고 아닐 수도 있었다. 중신은 규모가 큰 봉토를 보유한 자들로 국왕에게 조언할 의무를 진 조정의 구성원들이다. 1275년 필리프 3세는 중신 12명의 명단을 작성했는데, 성직자 6명 외에 나머지 6명은 아키텐 공작, 부르고뉴 공작, 노르망디 공작, 샹파뉴 백작, 플랑드르 백작, 툴루즈 백작이었다. 고위성직자 중신은 1789년 프랑스대혁명 때까지 존속했지만, 속인 중신들은 이들의 영지가 국왕 소유로 귀속됨에 따라 점차 사라졌다. 이후 국왕은 중신의 영지를 총애하는 신하들에게 보상하려고 분배했다. 한 가문이 여러 중신령을 축적할 수 있었고 1723년에는 38개 가문이 52개 중신령을 나눠 가졌다. 17세기부터 중신령은 오직 공작에게만 수여되었고 1789년에 중신은 43명, 이 중 왕족이 6명이었다. 중신의 지위는 남성 후계자에게 세습되었다. 중신은 국왕의 조언자로 대검을 찬 채 고등법원에 착석할 수 있었고 왕가 식구들과 춤을 추고 왕궁에 마차를 타고 진입했으며 왕비와 나란히 착석할 수 있었다.

　　여기서 궁금한 게 하나 있다. 외국 출신 왕족과 중신 중 어느 쪽이 더 높았을까? 일단 고등법원에서는 중신이 위에 있었다. 하지만 법원 밖에서는 외국 출신 왕족이 중신을 능가했는데, 궁정에서도 그렇고 사회적으로 그렇게 여겨졌다. 그래서인지 오만방자한 인간으로 그려지는 경우가 많았다. 외국인이다 보니 욕을 먹는 것도 그만큼 더 쉬웠던 모양이다. 중신과 외국 왕족은 그렇게 서로 우월하다고 경쟁하는 사이였다. 프랑스 왕은 이들을 '사촌'이라고 불렀다고 한다. 물론 진짜 사촌은 아니다.

✦ 가문의 유구함이냐, 전문 역량이냐

그렇다면 왕족도, 외국 왕족도, 중신도 아닌 귀족들의 위계는 작위로 정해졌을까? 그랬다면 좋았으려만 그렇지 않았다. 이때 중요한 기준이 된 게 가문이었다. 특히 가문의 유구함은 16세기 이후 새로운 유형의 귀족이 등장하면서 그 중요성이 한층 더 부각되었다. 귀족답게 살기로 해서 귀족이 되는 통로가 막히기 시작했다. 귀족의 존재를 제도적 틀 안에 가두려고 또는 부족한 왕국의 재정을 충당하려고 프랑스의 왕들은 주기적으로 귀족 조사사업을 벌였고, 귀족들에게 귀족 증빙 문서를 요구했다. 물론 이런 조사작업이 귀족다운 삶을 통한 귀족 되기를 완전히 막아버린 것은 아니었지만 평민이 귀족이 되려면 왕이 부여하는 특허장을 취득하거나 귀족의 지위가 보장된 법관직이나 시행정관직을 얻어야 한다는 생각이 보편화되었다.

왕실의 재정이 부족해지면서 왕들은 귀족증서를 매매하기 시작했다. 1485년 샤를 8세는 법무를 담당하는 국왕비서에게 관직을 수행하는 조건으로 귀족증서를 수여했는데, 능력 있는 평민은 이로써 사회적 신분 상승을 이룰 수 있었다. 중요한 관직, 특히 왕명을 입

안하고 작성하는 법관직에 귀족 작위가 부여되면서 관직을 거쳐 귀족이 된 신흥귀족층, 즉 법복귀족이 탄생했다. 관직은 '평민의 때를 씻어주는 비누'로 불렸고, 부유하고 야심 찬 평민 자제들은 관직을

법복귀족인 마튜 몰레(루브르박물관)

동아줄 삼아 신분 상승을 추구했다. 이러한 방식의 귀족 만들기로 국왕은 전문 지식을 갖춘 법률 조언자와 신뢰할 만한 신하를 확보할 수 있었다.

구귀족들이 이러한 신흥귀족을 바라보는 시선은 곱지 않았다. 근본도 없는 것들이라고 생각했으리라. 구귀족은 신흥귀족을 경멸했고, 자신의 차별성, 즉 오래됨을 부각했다. 혈통이 강조되기 시작한 것이다. 하지만 놀랍게도 구귀족과 법복귀족은 빠른 속도로 결합했다. 자존심도 좋지만 그보다 재산이 더 중요했기 때문이다. 구귀족의 아들과 부유한 법복귀족의 딸 사이의 결혼이 유행처럼 번졌다. 이 시기의 결혼은 가문과 토지를 확보하려고 추진되는 일종의 비즈니스였기에 표면적 적대감에도 두 귀족 집단의 결합은 보편적 현상이 되었다. 세대가 갈수록 구귀족과 신흥귀족, 혈통귀족과 법복귀족의 경계는 불분명해졌다. 18세기 중엽 관직매매가 거의 봉쇄되고 귀족화의 문이 다시 좁아지자 귀족 내부의 차별화보다는 집단이기주의의 성격이 더 두드러지게 되었다.

4

유구한 가문, 고귀한 혈통의 신화

✦ 가문과 혈통

가문과 혈통이 이제 중요하지 않다는 것은 아니다. 돈 앞에서는 고개를 숙일지라도 세습을 원칙으로 하는 귀족에게 가문만큼 중요한 게 없었다. ○○ 김씨 ××공파 n대손을 따지는 우리네 문화와 일맥상통한다고 보면 된다. 그리고 이 가문이라는 개념에 혈통, 특정 자질의 세습, 족보, 집단적 폐쇄성 등과 같은 개념들이 융합되었다.

가문과 혈통이 처음부터 그리고 어디에서나 중요했던 것은 아니다. 예컨대 국왕이 귀족의 지위를 철저하게 통제하던 영국에서는 혈통이나 가문의 우수성을 애써 주장할 필요가 없었고, 이에 대한 관심과 논의가 상대적으로 약했다. 반대로 프랑스에서는 전문 지식과 재산을 바탕으로 국왕의 서임장으로 귀족이 된 신흥 집단이 등장하면서 기존의 귀족들은 오래된 가문이 중요하다고 주장했다. 하지만 켜켜이 쌓인 시간만으로는 불충분하다고 생각했는지 시간을 초월해 선조로부터 후손으로 그리고 다시 다음 세대로 이어질 불변의 무언가가 존재한다고 여기기 시작하면서 혈통이 부각되었다.

　　사실 혈통과 관련된 논의는 그리 어려운 게 아니어서 반려견 교배에서 언급되는 그것과 전혀 다를 바가 없다. 실제로 동식물에 비유하면서 귀족 혈통의 우수성을 주장했는데, 여기에서 혈통은 동식물의 교배에 해당하는 혼인과 출산을 매개로 유지되기도 하고, 개량되기도 했다. 17세기 초 한 프랑스인은 귀족의 혈통을 이렇게 설명했다. "농부는 파종을 위해 가장 보기 좋은 종자를 고른다…. 우리는 좋은 망아지와 개를 얻으려고 암말과 개의 혈통을 찾는다. 그리고 영양분을 공급하고 잘 훈련한다…. 이와 마찬가지로 오랜 전통을 지닌 훌륭한 혈통에서 태어난 귀족이 건강히 자라 적절한 교육을 받는다면 이제 막 귀족이 된 자들보다 귀족의 미덕을 훨씬 빛내 줄 것이다."[63] 일종의 귀족 유전학이 성립된 셈이다.

　　그렇다면 혈통을 따라 한 세대에서 다음 세대로, 그렇게 저 먼 조상으로부터 현재의 후손까지 전달되어야 할 미덕이란 무엇인가?

나쁜 자질이 세습되길 바라지는 않을 테고 당연히 누가 들어도 좋은 그런 것들이다. 귀족들이 때로 자기 목숨보다 더 소중히 여겼던 용맹함, 관대함, 명예심 같은 것들이다. 새로이 귀족이 된 자들도 한동안은 어설픈 존재로 취급받겠지만 몇 세대가 지나면 이러한 혈통을 따라 내려지는 미덕을 자랑했다. 하지만 그 몇 세대의 갈등 기간에 구귀족은 군사적 자질, 약자를 보호하고 주군에게 충성을 다하는 자의 힘과 용맹, '국왕의 적을 향해 휘둘렀던 창의 개수'를 내세우며 자기 혈통의 우수성을 과시하려 했다.

✦ 족보는 중요하다

귀족의 자질이 혈통을 따라 유전된다는 데에 사회적 합의가 이뤄진다면, 이제 가문의 연속성을 입증하는 문제가 남는다. 한 가문의 고귀함이 명예를 소중히 여긴 집안의 역사와 장구함으로부터 유래한다면, 그 역사를 기록하고 보존한 것은 다름 아닌 족보였다. 어떤 족보가 훌륭한 족보였을까? 바로 시초를 알 수 없는 족보야말로 진짜 귀족의 족보였다. 16세기 문인 몽테뉴의 말처럼 "나일강에 근원이 없듯이 귀족에는 시초가 없다."[64]

귀족은 족보를 만드는 데 열과 성을 다했다. 구귀족만 족보에 집착한 게 아니다. 신흥귀족들도 족보 만들기 대열에 뛰어들긴 마찬

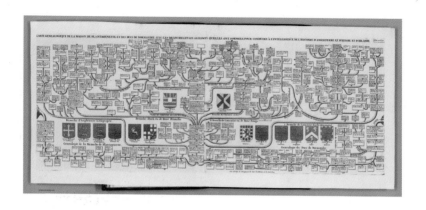

앙리 샤틀랭이 정리한 플랜태지넷 왕가의 족보

가지였다. 가문의 태곳적 기원을 주장하는 것은 무리였겠지만, 비교적 합리적이고 타당한 수준에서 가문의 귀족적 기원을 만들어내는 것은 충분히 가능한 작업이었다. 예를 들어 17세기 초반 프랑스 국새상서였던 미셸 드 마리야크는 귀족 가문을 증명하고자 족보를 작성했고 그저 3세대 분량의 조상 그러니까 약 100년의 역사를 추가하면서 자기 집안이 오베르뉴 지방의 기사 가문임을 보여주었다. 이는 영겁의 시간을 존재해온 귀족 가문으로 보이려는 것이 아니라 그저 가문에 한 스푼만큼 무게를 더해 '신흥'이라는 딱지를 떼려는 의도였다. 17세기에 만들어진 프랑스어 사전에 나오는 구절처럼 "족보학자는 국왕보다 더 많은 귀족을 만들어냈다."

이처럼 족보가 중요해지자 기상천외한 일들이 벌어졌다. 부유하고 정치적 영향력이 있던 귀족들은 트로이 신화나 고대 로마제국의 역사 또는 십자군의 역사에 기댔다. 좀 더 과감한 자들은 거룩한 계보, 즉 예수 그리스도의 가문에 자신을 연결하려 했다. 가문의 유구함을 과시하려는 욕심은 도발적 창의성을 발현했는데, 로렌Lorraine 가문은 '벨기에인의 시조' 모셀라누스가 시조라고 주장했다. 모셀라누스는 기원전 카이사르의 갈리아 정복 이전 인물로 알려져 있었다.[65] 레비스 방타두르Levis-Ventadour 가문은 성모 마리아의 조상인 레

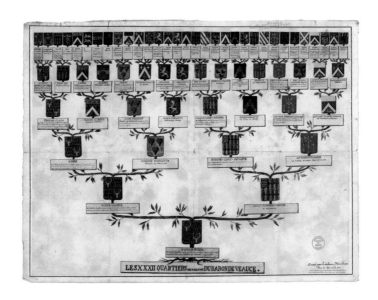

보스 남작의 족보

위족의 시조 레비Levis의 후손이라고 주장했다.[66] 그래서 이 집안사람들의 초상화에는 늘 성모 마리아가 함께 그려졌다. 비록 종교개혁 이후 성모 마리아의 위상이 예전 같지는 않았지만, 예수님 외가에 속하는 가문의 후손임을 주장한 것은 방약무도한 일이 아닐 수 없다. 당대인들이 로렌 가문과 레비스 방타두르 가문의 족보를 곧이곧대로 믿었는지는 확실치 않지만, 당사자들이 가문의 유구한 역사에 만족스러워했던 것은 분명하다.

가문의 유구함에 대한 집착과 상상력은 왕가라고 해서 다르지 않다. 왕이란 결국 귀족 중의 귀족이 아닌가. 밀너Milner가 작성한 엘리자베스 1세 여왕의 족보는 구약의 인물 야곱의 넷째 아들 유다로 거슬러 올라간다. 프랑스 왕가는 오랫동안 그들이 다윗왕과 트로이 왕가에서 유래했다고 주장했다. 비교적 잘 알려진 이야기이지만 내막은 상당히 복잡하다. 요약하면 이렇다. 프랑크족의 우두머리 중 하나인 마르코메르Marcomer 4세는 프랑스 왕가의 조상인데, 그는 브리튼 왕의 딸 아틸디스Athildis와 결혼했다. 아틸디스는 성모 마리아와 사촌지간인 아리마테아의 요셉Joseph of Arimathea의[67] 딸인 안나의 6대 손이다. 마리아와 아리마테아의 요셉은 다윗왕의 핏줄이므로 아틸디스를 조상으로 둔 프랑스 왕가는 곧 다윗왕의 후손이 되는 셈이다. 뭔가 대단히 복잡하지만 그냥 간단히 프랑스 왕가의 계보는 구약시대로 거슬러 올라가며, 성모 마리아 집안과 연결된다는 것이다. 믿거나 말거나지만 절실했던 사람들이 있었던 것은 확실하다.

5

귀족은 무슨 일을 했을까

✦ 싸우는 자

11세기 초 프랑스의 한 주교는 인간 사회가 기도하는 자, 싸우는 자, 일하는 자로 구성된다고 분석했다. 당시 기사는 반드시 귀족은 아니었고, 오히려 다양한 계층 출신 남성으로 이루어진 무장집단의 일원이었다. 물론 귀족의 아들도 있었지만, 다른 기사들은 말을 타고 칼로 무장한 농민에 지나지 않았다. 기사는 하나의 전문화된 전사 집단으로 사회적 위신과 정치적 권위를 확보하면서 서서히 귀족이라는 신분으로 정착했고, 그 결과 귀족이 하는 일은 전투라는 관점이 만들어졌다. 전사-귀족의 이미지는 유럽 사회의 근본적 변화에도 적어도 19세기 말까지, 특정 지역에서는 20세기 이후까지도 그 명맥을 유지했다.

싸우는 기능과 귀족이라는 신분이 하나로 결합한 것은 중세 유럽 사회 부의 증대와 직접 연관되어 있다. 기사의 각종 장비를 마련하는 데 드는 비용이 상승하자 13세기 중반에는 기사에게 필요한 말, 칼, 갑옷 등을 장만할 여력이 있는 남성의 수가 급격히 줄어들었다. 기사에게 기대되는 생활 수준 또한 고급스러워졌다. 1100년의 기사는 모직 겉옷 한 벌, 말 두 필, 말구종 한 명만 있으면 그럭저럭 생활을 꾸려나갈 수 있었지만, 대략 150년 후 기사는 말 여러 필과 비단옷, 여러 하인과 종자와 말구종이 필요했다. 이런 값비싼 생활 방식을 유지하려고 기사는 주군에게 상당한 액수의 연봉을 받거나 넓은 토지를 보유해야 했다. 13세기 영국에서 한 남성이 기사 신분을 유지하려면 최소 20파운드가 필요했다. 이는 1,200에이커, 그러니까 약 140만 평(약 462헥타르)의 지대 수입에 해당했다. 하루에 임금을 2펜스 받는 평범한 농촌 노동자의 1년 소득이 1~2파운드 정도였다.

봉건제가 완숙해진 시기에 귀족이 하는 일은 주로 장원의 관리와 통치, 주군에 대한 조언, 군사 훈련, 주군에 대한 봉사 그리고 전투였다. 여기에 전리품과 포로의 획득, 몸값 요구 정도가 덧붙여질 것이다. 물론 핵심은 전투였다. 귀족은 "전사의 길을 걸어야 한다.

전장을 찾아다니며 군대에서 장교로 복무하거나 귀족들과 교제하고 귀족의 옷차림을 해야 한다." 귀족의 특권 중 하나인 사냥도 단순한 오락이 아니라 전투 훈련의 일환으로 여겨졌다.

전투는 오랫동안 기사들의 주 업무인 동시에 전리품을 획득할 기회였다. 기사들은 중세적 기사도 정신에 충만해 적을 보면 주저하지 않고 전투에 임해야 하고, 비겁하게 행동해서는 안 된다고 생각했다. 그렇게 중세의 기사들은 20~25킬로그램이나 되는 강철 갑옷에 2~4킬로그램의 헬멧으로 전신을 무장하고, 말에 올라타서 적을 향해 돌격했다. 요컨대 귀족에게 당신은 무슨 일을 하느냐고 묻는다면, 십중팔구 그 대답은 쌈박질이라고 했을 것이다. 이런 측면에서 귀족의 삶이란 생산활동을 철저히 배제한 소비를 위한 삶, 일종의 사치라고 볼 수 있다. 이 사치는 먹고살려고 고군분투할 필요가 없는 자들이 누리는 라이프스타일이다. 그래서 게으르고 무위도식하며, 오직 싸움의 쾌락만 추구하는 귀족의 이미지가 만들어졌다. "귀족의 삶이 결국 귀족을 만든다"[68]라고 여겨진 것은 바로 이 때문이다.

✦ 귀족이 해서는 안 되는 일들

하지만 경제가 활성화되고 사회가 복잡해지면서 기도하는 자, 싸우는 자, 일하는 자의 단순한 구분법은 차츰 현실성을 잃기 시작했다. 부의 증대는 유럽 사회를 더욱 복잡하게 만들었고 유동성을 증가시켰다. 하찮은 사람을 고귀하게 만들고 부자를 가난뱅이로 끌어내리는 '운명의 수레바퀴' 이미지는 이 시기 유럽인이 좋아하던 표상이었다. 운명의 수레바퀴에 따라 오랜 귀족 가문이 몰락할 수도 있었고 새로운 귀족이 만들어지기도 했다. 새로운 상인 엘리트와 전문직 종사자가 등장하고 노동의 종류가 다양해지고 복잡해지기 시작한 시기에 귀족이 무슨 일을 했느냐는 질문은 이제 무슨 일을 할 수 없느냐는 질문으로 바꿔볼 수 있다.

15세기에 만들어진
이탈리아 양식의 판금갑옷

귀족에게는 비천한 것으로 간주된 특정 행위들이 금지되었다. 일찍부터 이러저러한 활동이 금기시되었고, 위반 시 귀족의 지위를 잃을 수도 있었다. 귀족은 자신의 영지에서 농사를 짓고 과일을 재배하거나 판매할 수 있었다. 파종하거나 나무를 접붙이는 일은 허용되었지만 쟁기질은 금지되었다. 방계 왕족을 제외한 다른 이의 토지를 임대하는 것도 금지되었다. 물론 이러한 기준이 항상 지켜진 것은 아니어서 브르타뉴 지방의 가난한 귀족들은 종종 이웃 영주의 농장을 빌려 경작했다. 수공업의 육체노동은 금지되었다. 특히 도구를 이용한 노동은 귀족의 미덕을 훼손하는 힘들고 더러운 일로 여겨졌다. 유리공예는 예외였다. 유리 자체가 귀했으므로 유리공예를 매우 섬세한 작업이라고 생각했다. 귀족은 자신의 영지에서 광산을 채굴하거나 제련소나 대장간을 운영할 수 있었는데, 이는 노동이라기보다는 경영에 해당하는 일로 여겨졌기 때문이다.

귀족은 의사나 법률가가 될 수 있었지만 손을 이용하는 외과의나 공증인은 귀족에게 어울리지 않는 직업이었다. 소매업에 종사하려면 귀족 타이틀을 내놓아야 했다. 소매업은 쩨쩨한 일이고 어쩔 수 없이 거짓과 사기를 수반한다고 생각했기 때문이다. 반대로 대규모 도매업은 가능했다. 1462년의 칙령은 귀족의 도매업 진출을 허락했는데, 프랑스 남부 마르세유와 같은 항구에서는 많은 귀족이 대규모 교역에 참여했다.

하지만 시기적으로 부침이 있어서 16세기에 상업의 가치가 절하되자 국왕은 칙령으로 귀족의 상업 참여를 금지했다. 평민 출신 사업가들은 이러한 국왕의 조치를 환영했는데, 상업 귀족은 그들에게 무시 못 할 경쟁 상대였던 것으로 보인다. 안 그래도 많은 특권을 누리는 귀족이 상업에까지 뛰어들다니, 평민의 고유한 특권을 침해하는 것이라고 여겼던 모양이다. 하지만 매 앞에 장사 없고 돈 앞에서 상전과 하전이 따로 없는 법이다. 귀족들은 돈벌이가 되는 상업에 참여할 수 있게 해달라고 지속적으로 요청했다. 대부분 귀족은 수입을 대개 방대한 토지에서 얻었지만, 중세 말기의 많은 귀족은 비농업 수입원을 확보하는 일을 게을리하지 않아서 돈벌이가 될 만한 모험에 뛰어드는 일이 드물지 않았다.

요컨대 지주 귀족이 상업에 적대적 태도를 보였다고 알려져 있지만, 이는 시기와 지역에 따라 달랐다. 대귀족 가문은 짐짓 상업을 경멸하는 체했지만 타산적인 사람들을 멸시하면서도 점점 상업 세계로 끌려 들어갔다. 특히 18세기 이후에는 많은 귀족이 영지에서 나오는 자원, 특히 석탄, 철 그리고 광산이나 운하의 경영과 재정 운영에 적극적으로 개입했다. 19세기 후반에 대부분 귀족 경영인들은 임차인에게 경영과 투자를 맡기고 금리생활자로 변모했지만 지역 산업경제와 긴밀한 관계를 유지하며 비즈니스 사회에서 영향력을 행사했다.

6

보호와 피보호

✦ 봉건제와 귀족

전근대 유럽의 귀족들은 나머지 인구에 비해 소수에 불과했지만, 확실한 특권 계층을 이루었다. 경제적·정치적으로는 물론 사회적으로도 귀족의 힘은 강력했다. 이렇게 귀족이 그토록 오래 위세를 유지할 수 있었던 이유 중 하나는 바로 귀족들의 단단한 유대관계와 결속력에 있었다.

중세 유럽 사회를 특징짓는 봉건제는 귀족 간의 특수한 주종

관계에 기초했다. 로마제국이 해체된 이후 서유럽에서 인간관계는 거의 전적으로 개인 간 유대로 맺어졌다. 유력자와 자유민 사이에 헌신과 충성 그리고 그에 대한 대가로 제공되는 보호를 주고받는 이 관계는 군사적 봉사가 중요해지고 전투가 전문화되면서 그 성격이 변하기 시작했다. 주군을 위해 군사적으로 봉사하려면 군사 활동에 전념할 수 있을 만한 규모의 토지와 노동력을 보유해야 했기에 봉토를 매개로 한 주군과 봉신의 사회적 관계가 형성되었다. 동시에 이를 규범화하려고 충성서약 같은 예식이 발달했다.

이론상 국왕과 고위 영주들은 소유한 토지 일부를 봉토라는 이름으로 기사들에게 수여했고 그 대가로 군사적 봉사를 받았다. 봉토를 받은 기사는 그 땅이 충분히 넓으면 자신이 받은 봉토 일부를 다른 기사에게 수여했다. 봉토 보유자는 수여자의 봉신으로 불렸다. 이 제도가 정착하면서 봉신들은 적어도 일 년에 한 차례씩 그들이 섬기는 주군의 궁정을 직접 방문하는 것이 관례가 되었고, 충성을 나타내는 일정한 의식을 치렀다. 또한 재판에 참여하여 자문을 제공한다는 뜻에서 사법권을 행사하는 일에도 참여했다. 그 결과 그들은 통치 업무와 정치적·사법적 권력에 점점 익숙해졌다. 이러한 봉건화 과정에서 정치적 권력은 점차 파편화되었다.

백년전쟁과 흑사병으로 이어진 이른바 '중세 말의 위기' 이후 국왕을 중심으로 중앙집권적 국가 체제가 강화되면서 파편화된 사회질서도 흔들렸다. 하지만 귀족 간 상호 유대관계, 즉 보호와 피보

Kaifer Max fchlägt den befiegten Franzofen zum Ritter.

막시밀리안 1세가 패배한 프랑스인에게 기사 작위를 주는 모습

호 관계만큼은 봉건제보다 더 질긴 생명력을 보여주었다. 명예와 특권에 대한 인식을 공유한다는 점에서 귀족들은 스스로 하나의 집단임을 인식했다. 나아가 봉토 수여와는 다른 형태로 귀족들의 상호 보은 관계는 재생산되었다. 주군에게 헌신하는 습관은 계속 유지되었고 또 그럴 필요가 있었다.

✦ 귀족사회의 우정과 충성

귀족에게 가족관계는 무엇보다 중요했지만, 가족관계 못지않게 중요한 것이 있었으니 바로 충성과 후원, 당시의 표현을 빌리자면 우정의 관계였다. 전쟁 중 포로로 잡힌 장 드 메르지는 석 달 후 석방되자 고향인 샹파뉴로 내려가 휴식을 취하면서 "부모와 친구들을 방문하고 그들에게 네덜란드 소식을 들려주었다." 이는 형식적인 표현이라기보다는 그야말로 귀족의 생활방식을 보여준다. 친구는 가족만큼이나 중요했다.

앙리 4세 시절 대법관직에 올랐던 슈베르니 백작(1528~1599)이 아들에게 준 가르침을 들어보자. "한 명의 친구는 불이나 물만큼이나 소중하다." 이는 말뿐인 가르침에 그치지 않는다. 귀족들은 진심으로 우정을 실천했다. 그리고 이 우정은 그야말로 중요한 자산이었다. 경우에 따라서는 이 우정이 대를 이어 자식들을 통해 유지되기도 했고, 그래서 가문 간의 뿌리 깊은 우정관계처럼 보이기도 했다.

주의할 것은 16~18세기에 우정이라는 단어가 단순히 친구 간의 관계만을 의미하지 않는다는 점이다. 이 우정에는 충성과 후원의 관계, 보호와 피보호의 관계라는 의미도 담겨 있었다. 예를 들어 앙투안 드 브리샹토, 보베 낭지스 후작(1552~1617)은 느베르 공작, 부이옹 공작, 뤼느 공작과 콩데 공까지 네 명의 대귀족들의 후원을 받았다. 보베 낭지스와 부이옹 공작의 관계는 이렇게 설명된다. "그는 특별

프랑수아 드 방돔, 보포르 공작

히 나를 따듯하게 안아주었다 왜냐하면 나는 그의 사람이기 때문이다….” 하루는 저녁 식사 후 여러 사람 앞에서 부이옹 공작의 무훈을 칭송하는 자리에서도 그는 “그때부터 부이옹 공작은 저와 우정을 나누는 사이가 되었고, 소인은 그분을 제가 모신 최고의 주군으로 존경하고 있습니다.”[69]라고 이야기했다. 이 말에 크게 기뻐한 부이옹 공작은 국왕 앙리 4세에게 보베 낭지스 후작을 요직에 등용하라고 추천했다.

자신을 유력한 인물에게 의탁하고 헌신하는 행위는 귀족사회에서 매우 일반적인 현상이었다. 앙리 4세와 막시밀리앵 드 베튄(1559~1641) 남작의 관계는 유명하다. 막시밀리앵 드 베튄은 12세가 되던 해 19세인 앙리 드 나바르에게 소개되었고, 두 사람의 ‘우정’은 생사를 오가는 프랑스 종교전쟁 기간 내내 흔들림 없이 이어졌다. 막시밀리앵 드 베튄은 충성스럽게 앙리 드 나바르를 보필했고 자신의 주군이 프랑스 왕위에 오르는 것을 보게 되었다. 왕위에 오른 앙리 4세 역시 고마움을 잊지 않고 그를 대원수에 임명하고 공작-중신의 지위를 하사해주었다. 국왕의 특별한 애정은 계속되어 쉴리 공작령 이후에도 ‘노장르로트루Nogent-le-Rotrou’ 후작령, ‘모레Moret’ 백작령, ‘모Meaux’ 남작령을 차례로 하사했다.

이러한 사례는 예외적인 것이 아니었다. 17세기에 대귀족들은 빈번히 반란을 일으켰고, 대귀족의 보호와 후견을 받던 하급 귀족들은 거의 예외 없이 후견인의 반란에 가담했다. 1649년 롱그빌 공작은 국왕의 곁을 떠나 반란을 일으킨 프롱드파에 가담했는데, 자신의 영지로 돌아간 공작은 이 행위와 무관하게 크게 환영받았다. 중세 봉건시대부터 충성과 보호를 매개로 하는 귀족들의 보호와 피보호 관계는 매우 강력했다. 이러한 보호와 피보호의 유착관계는 법복 귀족의 세계에서도 다를 바가 없었다. 단순한 충성 선언에서부터 혼인을 통한 전략적 제휴에 이르기까지, 귀족들의 세계는 끝없는 보호와 피보호의 그물망을 형성했다. 전장에서 기사의 군사적 중요성이 약화되었음에도 불구하고 귀족은 변화하는 환경에 적응하며 새로운 유형의 후견관계를 만들어 서로 밀어주고 끌어주면서 자신의 세력을 강화하고 또 그렇게 귀족 집단의 결속력을 유지했다.

명예를 목숨처럼 여기는 귀족들의 태도 때문이었을까? '보호와 피보호' 관계가 가져다준 출세와 권력의 크기를 가늠해보건대, 명예만큼이나 이해관계가 중요했으리라. 그래서 지금도 이 사회의 어딘가에서, 특히 명예라는 단어의 의미가 통용되지 않는 냉혹한 곳에서조차 귀족의 보호와 피보호 관계와 비슷한 모습을 본 것 같다면, 틀린 관찰은 아닐 것이다.

무엇도 잃지 않으려면
모든 것을 바꾸어라

주세페 토마시 디 람페두사의 대하소설 『표범』은 역사상 가장 위대한 역사소설의 하나로 꼽힌다.[70] 이 원작을 바탕으로 이탈리아의 거장 루키노 비스콘티 감독은 1963년 영화 〈표범〉을 발표했다. 버트 랭커스터, 알랭 들롱, 클라우디아 카르디날레가 출연한 이 영화는 같은 해 칸 영화제에서 황금종려상을 받았다.

영화는 19세기 후반 시칠리아를 무대로 쇠락해 가던 귀족사회의 마지막을 퇴폐적이면서도 낭만적으로 보여준다. 1860년대, 안 그래도 조각조각 나 있던 이탈리아의 정치적 혼란은 절정에 이르러 폭

발 직전이다. 주세페 가리발디와 그의 붉은셔츠단은 이탈리아 통일을 부르짖으며 곳곳에서 전투를 벌인다. 이 유럽 벽지의 농민들도 봉건제의 모순과 해악을 서서히 느끼며 변화를 갈망한다. 『표범』에서 파브리치오 살리나 공작은 달라져 버린 세상과는 어울리지 않는 표범의 마지막 후손이다. 황금표범은 살리나 가문의 문장이다. 그의 친인척들 대다수는 현실에 도저히 적응하지 못한 채 사라져 가는 귀족제에 매달리며 무의미한 향수로 도피하거나 시류에 몸을 맡긴 채 기회주의적인 면모를 보인다. 돈 파브리치오 살리나는 변화를 외면한 채 과거의 화려함에 집착하며 하루하루를 불평에 빠져 쾌락을 탐닉하는 귀족들을 이렇게 묘사한다. "그들은 스스로가 완벽하다고 생각하기에 앞으로 나아가길 결코 원하지 않습니다. 그들의 허영은 그들의 불행보다 훨씬 큽니다." 파브리치오 공작은 자신이 속한 귀족 세

273

계가 사그라드는 순간을 담담하게 응시하며 곧 닥쳐올 아름답지만은 않을 새로운 세계의 파고에 현명하게 맞서기로 마음먹는다. 과거에 갇힌 채 현재와 미래를 보지 못하는 자신이 속한 귀족 계층을 혐오하면서도 자신이 속한 뿌리를 거부할 수 없는, 뼛속까지 귀족인 자신의 한계를 잘 알고 있는 공작은 담담히 고백한다. "우리는 표범이었고 사자였소. 이제 자칼과 하이에나가 우리를 대신하려 하고 있소."

"현재 상태가 있는 그대로 유지되기를 원한다면, 모든 것이 바뀌어야 합니다If we want everything to remain as it is, then everything has to change." 영화 초반에 나오는 파브리치오 공작의 조카 탄크레디의 이 유명한 대사는 변화하는 사회에서 자신의 기득권을 잃지 않고 살아남으려는 시칠리아 귀족들의 심중을 여실히 보여준다. 이 대사가 유독 진하게 남는 이유는 모든 귀족이 탄크레디 같지 않으면서 탄크레디였기 때문이다. 역사 속에서 실존했던 수많은 귀족은 변화를 거북해하고 경멸했다. 그래서 역사의 전환기에 그들의 모습은 영화가 보여주는 것처럼 한 시대의 종말이 낳은 퇴폐미를 보여준다. 하지만 변화하는 세태에 한탄하며 불평을 늘어놓아도 결국 그들은 변화하는 세상에 적응하려고 스스로 끊임없이 변화했다. 귀족에게도 적자생존의 법칙은 절대적이다.

유럽 귀족의 역사를 다룬 이 책에서 키워드를 단 하나 찾아야 한다면 그것은 남다름이다. 변화를 거부한 채 과거의 노스탤지어에 빠진 자들은 남다름의 물질적·정치적·경제적 토대를 무너뜨리려 하는 달라진 세상을 경멸한다. "무엇도 잃지 않으려면 모든 것을" 심지어 자신의 존재 방식까지도 바꿔야 한다고 생각하는 자들도 이 점에서는 다를 바가 없다. 다만 새로운 차별화 수단을 고민할 뿐이다. 지배집단으로서 제도적으로 보장된 지배력을 상실한 이후에도 귀족은 그 모습이 바뀌고 심지어 이름까지 바뀌어 더는 귀족으로 불리지 않을지언정, 특권층으로 살아남으려고 끊임없이 환경에 적응하며 집단의 차별화를 시도해 왔다. 환경이 변화하고 세상이 바뀌니 차별화 방식도 역동적으로 변화한다. 때로는 기상천외한 방식으로, 때로는 해괴한 방식으로. 왜냐하면 "당신이 변하지 않는다면 시간이 당신을 바꿀 것"이기 때문이다.

이 책에서 우리는 유럽에서 귀족으로 알려진 역사적 집단의 성격과 귀족들의 일상생활, 유럽 귀족에 대해 가장 널리 알려진 오해를 풀려고 몇 가지 키워드를 살펴보았다. 유럽 귀족에 대한 독자들의 궁금증을 조금이나마 풀어주는 데 도움이 되고 싶은 이 책에서 가장 어려운 문제는 시기였다. 문명이 출현하면서 거의 동시에 그 존재를 드러낸 귀족은 놀라울 정도로 변화무쌍했기에 시기를 한정하지 않는다면 이 책은 귀족 개념의 통사가 될 가능성이 컸다. 따라서 중세 이후부터 근대 말까지로 시기를 국한했지만, 시간과 장소의 통일성을 요구하기에는 이 또한 매우 긴 시간이다. 독자들이 충분히 느꼈을 테지만, 이 책에 등장하는 귀족들은 때로 거의 수백 년의 나이 차를 보여준다. 이것이 내용을 정리하기에는 불편하지만, 장점도 없지 않다. 즉 시간 흐름, 사회 변화에 따라 변화하는 귀족들, 적자생존을 위해 발버둥을 친 그들의 모습을 확인할 수 있기 때문이다.

노동과 경제활동이 금기시되었지만 그들은 경제력을 갖춘 집안과 혼사를 마다하지 않았고, 이런저런 이유를 대며 경제활동에 나섰다. 전투력을 독점하던 시절이 있었지만, 전쟁 방식이 바뀌자 평민들로 구성된 병사들을 지휘하는 장교직을 독점하는 동시에 전사의 자질을 대신해 사회적 우월의식을 채워줄 새로운 방법을 찾아냈다. 끊임없이 새로운 피가 수혈되었고, 전통과 신진을 혈통으로 구별하는 듯했지만 그렇다고 수혈이 중단된 적도 없었다. 이 숨겨진 유연함이 귀족의 생존에 기여했다. 결론적으로 말해서 귀족사회는 구태의연함과 신선함 둘 다 가진 야누스처럼 보인다. 하지만 시대와 태도의 변화에도 변하지 않는 한 가지 원칙이 있다. 바로 남다름의 원칙이다.

귀족사회는 18세기 말부터 19세기에 걸쳐 일어난 일련의 혁명으로 공식적인 사망신고서를 받았다. 왕정이 폐지되며 귀족 신분의 핵심 보증인이었던 국왕의 존재가 사라졌고, 모든 인간이 법 앞에 평등함이 천명되면서 출신에 따른 사회적 차별과 타고난 특권 개념은 더 설 자리를 잃었다. 귀족이 공식적으로 존재할 수 있었던 제도적 기반은 사라졌지만 과거의 유산처럼 남겨진 살아남은 귀족들의 사회적 우월의식마저 당장 소멸한 것은 아니다. 19세기 유럽의 정치적 격변과 산업화에도 귀족은 그 질긴 생명의 불꽃을 꺼뜨리지 않으려고 처절하게 노력했다. 점점 설 자리를 잃어가던 이들의 우월의식

영화 〈위대한 환상〉의 홍보 스틸.
'라펜슈타인'(오른쪽)이 자신의 사무실에서 '볼디외'(왼쪽)와 이야기를 나누고 있다.

은 때로는 강한 연대감에서 피난처를 찾았다.

20세기 프랑스의 거장 감독 장 르누아르[71]가 1937년에 만든 영화 〈위대한 환상La Grande Illusion〉은 제1차 세계대전을 배경으로 독일의 포로수용소에 갇힌 세 프랑스 장교, 즉 노동계급 출신인 마레샬, 부유한 유대인 로젠탈 그리고 귀족계급 출신인 볼디외의 탈출기를 그린 영화다. 흥미로운 점은 수용소를 관리하는 독일군 장교 라펜슈타인의 태도다. 이 영화는 당시 서로 적임에도 교감을 나누던 독일군 장교 라펜슈타인과 프랑스의 볼디외 대위의 모습을 보여준다. 물론 영화는 두 장교의 우정을 귀족적 우월함에 대한 과시로 그리지는 않는다. 로젠탈과 마레샬의 탈출을 위해 기꺼이 자신을 희생한 볼디외에게 경의를 표하는 라펜슈타인의 모습을 보여주며 귀족의 진정한 덕목에 대해 질문을 던질 뿐이다. 하지만 점차 몰락해 가는 귀족 집단의 운명을 자각하고 있는 라펜슈타인이 로젠탈이나 마레샬이 아닌 볼디외에게 느끼는 각별한 감정은 자신이 속했던 화려했던 과거에 대한 진한 노스탤지어를 느끼게 하기에 모자람이 없다.

영화는 민족이나 인종 또는 계급에 근거해 인간의 우월함을 주장하는 것이 크나큰 환상이라고 폭로한다. 감독의 바람대로 이 환상은 20세기 후반에 이르러 그릇되며 근거 없는 그리고 정치적으로 올바르지 않은 이념으로 그 위상이 확립되었다. 무엇보다도 현대사회의 개인주의는 유럽 귀족 집단의 오랜 생명을 완전히 끊어놓은 것처럼 보인다.

현대의 개인주의와 귀족의 집단주의 사이에 공통점이 없는 것은 아니다. 현대의 개인도 과거의 귀족도 모두 남다름을 추구했다. 하지만 이 차별화는 다르다. 귀족의 집단주의는 집단의 기본 음률을 변주할지언정 거부하지는 않는다. 이에 대한 거부는 곧 자신의 존재에 대한 부정이기 때문이다. 하지만 '나는 나야'라는 원칙에 충실한 현대의 개인주의는 사회적·집단적 기준에 순종하는 것을 언제든 거부할 수 있게 만든다. 그렇다. 개인주의야말로 귀족의 사회적 존재를 불가능하게 만드는 최종병기인지도 모른다.

　　하지만 이러한 차이에도 현대사회에서 한물간 귀족에 대한 노스탤지어가 발견되는 이유는 무엇일까? 왜 우리는 집단이 아닌 개인의 우월의식에 '귀족적'이라는 수식어를 덧댈까? 자기 자신 그리고 자기 것이라고 생각하는 인간을 귀하게 여기는 건 당연하다. 사회적으로 우월감을 느끼는 개인들이 은밀한 방식으로 남다름을 인정받고 싶어 하는 마음도 이해가 안 가는 것은 아니다. 하지만 귀한 개인의 차원을 넘어서 정치권력의 복잡한 관계망 속에서, 또는 자본과 인맥의 복잡한 네트워크 안에서 새로운 귀족을 꿈꾸는 집단주의가 꿈틀 댄다면 이는 전혀 다른 문제다. 역사는 동일하게 반복되지는 않는다. 반복된다면 한 번은 비극이, 또 한 번은 희극이 될 뿐이다.

주

1 '무어Moor'라는 단어 자체가 그리스어로 '검다', '어둡다'를 의미하는 '마우로스mauros'에서 유래했다. 스페인어의 '모로moro', 프랑스어의 '누아르noir', 이탈리아어의 '네로nero'는 모두 어원이 동일하다. 오늘날 스페인어의 '모레노moreno'는 피부가 가무잡잡한 또는 '태닝을 한 사람'을 뜻하기도 하고, 아예 흑인을 지칭하기도 한다.

2 일부 학자는 유럽 귀족에서 발견되는 푸른 피부가 은 중독의 결과라고 주장하기도 한다. 피부 아래에 쌓인 은 때문에 나타나는 증상인데, 과거 귀족들이 사용한 식기가 대부분 은으로 만들어져 체내로 은이 흡수되었다는 것이다. 또한 은은 의약품으로도 사용되었는데, 이러한 비싼 약제도 귀족들만이 사용할 수 있었다. 그래서 블루 블러드와 은수저("귀족들은 입에 은수저를 물고 태어난다Born with a silver spoon in their mouth")라는 표현이 연결되었다.

3 프랑스 절대왕정의 관료 귀족. 관직 매매 제도를 이용해 주로 사법(司法) 관계의 관직을 사서 귀족 신분으로 오르게 된 신흥 귀족을 일컫는다.

280

4   귀족의 결투를 다룬 이 부분은 『서양문화사 깊이 읽기』(푸른역사, 2009)에 실린 필자의 기고문 「결투를 사랑한 어느 귀족의 낭만 블루스: 프랑수아 드 몽모랑시 부트빌과 프랑스 절대왕 정」을 수정 보완한 글이다.

5   실존 인물인 다르타냥의 본명은 샤를 드 바츠 드 카스텔모르 다르타냥Charles de Batz de Castelmore d'Artagnan이다. 1640년경 가스코뉴 지방에서 파리로 온 뒤 모친 이름인 다르타냥 을 사용하기 시작했다. 총사대장 트레빌과 마자랭 추기경의 비호 아래 1644년 총사대에 합 류했다.

6   알렉상드르 뒤마, 이규현 옮김, 『삼총사 1』, 민음사, 2009, p. 20.

7   알렉상드르 뒤마, 이규현 옮김, 『삼총사 1』, 민음사, 2009, p. 21.

8   공식적인 성격을 띤 이 결투재판과 관련한 최초의 문건은 501년경 나온 것으로 알려진 곰 베트법loi Gombette과 프랑 리퓌에르Francs Ripuaires법이다. 이 법은 결투재판의 방식, 장소는 물론 일종의 종교 의례의 형식을 빌린 엄숙함을 강조했고, 한쪽 당사자가 전투불능자, 즉 여성이나 아동 또는 성직자일 경우, 대리인을 지명할 수 있게 해주었다.

9   클로드 드 로렌Claude de Lorraine의 장남으로 1519년 출생했다. 1545년 불로뉴에서 벌어진 영국과의 전투에서 심한 상처를 입었고, 이후 칼자국이라는 별명을 얻게 되었다. 이탈리아 원정에 군지휘관으로 참여했고, 종교전쟁 당시 과격한 가톨릭파의 수장으로 위그노 세력 에 맞섰으며, 바시Wassy의 신교도 대학살을 주도하기도 했다. 발루아 왕가의 앙리 2세가 사 망하고 자신의 질녀인 마리 스튜어트의 남편 프랑수아 2세가 왕위에 오르면서 한동안 프랑 스를 실질적으로 지배하는 권력을 행사하다 1560년 사망했다.

10   블레즈 드 몽뤼크는 1502년 가스코뉴 지방의 생 퓌Saint-Puy에서 출생했다. 15세에 로렌 Lorraine공의 궁정으로 불려가 군사교육을 받기 시작했고, 군사지휘관으로 유능함을 인정받 아 이탈리아 원정과 프랑스 종교전쟁에 참가했다. 1570년 위그노 세력의 주요 인사였던 잔 달브레Jeanne d'Albret와 벌인 전투에서 총탄에 맞아 코를 잃었다. 앙리 4세가 군사문제의 바 이블이라고 극찬했던 군사교본 『해설서』를 저술하기도 했다.

11   프랑수아 드 라 누는 1531년 낭트에서 출생했다. 그는 브르타뉴 지방의 오랜 귀족 가문 태 생으로 프랑스의 개신교인 위그노 세력의 군사적 우두머리 중 하나였다. 여러 차례 중요한 전투에 참가했고, 특히 1570년에 벌어진 퐁트네전투에서 한 팔을 잃었지만, 한 기계공에게 서 쇠갈고리가 달린 의수를 선물받았고, 이후 라 누는 강철팔이란 별명을 갖게 되었다. 프

랑스 종교전쟁 시기 라 누는 앙리 드 나바르(훗날 앙리 4세)의 편에서 여러 전투에 참가했고, 1591년 브르타뉴 지방의 랑발Lamballe 전투에서 입은 상처로 사망했다.

12   G. Chaussinand-Nogaret, *Histoire des elites en France du XVIe au XXe siecle*, pp. 33~34에서 재인용.

13   신일용, 『아름다운 시대 라 벨르 에뽀끄 2』, 밥북, 2019, pp. 265~266.

14   제인 오스틴, 고정아 옮김, 『오만과 편견』, 시공사, 2012, p. 299.

15   M. le Duc de Lévis, *Maximes, préceptes et réflexions sur différens sujets de morale et de politique*, Paris, 1825, p. 87.

16   1820년 조지 3세가 사망하자 섭정 왕자는 조지 4세로 즉위했다. 영국 하노버 왕조의 왕들로 조지 1세부터 조지 5세까지를 조지의 시대(1714~1837)라고 하며, 이후 빅토리아 시대(1837~1901)가 열린다.

17   1958년 엘리자베스 2세는 데뷔탕트 접견 관행을 폐지했다. 샬럿 왕비의 무도회는 1976년에 폐지되었다.

18   Edward Gibbon, *Miscellaneous works: of Edward Gibbon, Esquire. With memoirs of his life and writings, composed by himself*, London, 1796, p. 111.

19   Richard Lassels, *The Voyage of Italy-Preface*, Exported from Wikisource, p. 6.

20   Richard Lassels, *The Voyage of Italy-Preface*e, Exported from Wikisource, p. 7.

21   Richard Lassels, *The Voyage of Italy-Preface*, Exported from Wikisource, pp. 9~10.

22   Iain Lordon Brown, 'Water, Windows, and Women: The Significance of Venice for Scots in the Age of the Grand Tour', *Eighteenth-Century Life* 30(3), p. 20.

23   新井潤美, 『ノブレス・オブリージュ イギリスの上流階級』(白水社); 『영국 상류계급의 문화』, 김정희 옮김, 에이케이커뮤니케이션, 2022, p. 161.

24   Iain Lordon Brown, "Water, Windows, and Women: The Significance of Venice for Scots in the Age of the Grand Tour", *Eighteenth-Century Life* 30(3), p. 21.

25   Ralph Milbanke Lovelace, *Astrate: a Fragment of Truth concerning George Gordon Byron, sixth Lord Byron*, London, 1921, p. 279.

26   제인 오스틴, 최인자 옮김, 『노생거 수도원』, 시공사, 2019, pp. 224~225.

27   제인 오스틴, 고정아 옮김, 『오만과 편견』, 시공사, 2012, p. 224.

28   제인 오스틴, 고정아 옮김, 『오만과 편견』, 시공사, 2012, p. 186.

29   제인 오스틴, 고정아 옮김, 『오만과 편견』, 시공사, 2012, p. 187.

30   서양 중세의 대표적 사랑법이다. 기사가 구원의 여인을 정해두고 사랑에 빠진다는 건데, 대개 자기 상관의 부인이 그 대상이었다고 한다. 여성의 사랑을 얻고 사랑을 위해 목숨까지 바치는 것이 기사도 정신이라고 포장하지만, 지금의 관점에서 보면 그냥 상간이다. 궁정식 사랑을 하는 기사는 미혼일 수도 있고 기혼일 수도 있다. 기혼자는 자기 부인을 사랑하지 않는다. 집의 여자는 살림하고 아이를 낳아 가문을 잇기 위해 존재할 뿐이다. 요컨대 중세 기사들에게 사랑과 출산은 전혀 다른 이야기였다. 아이는 집 안에서 낳지만, 사랑은 집 밖에서 한다는 이야기다.

31   Francois de Bassompierre, *Journal de ma vie: Memoires du Marechal de Bassompierre*, t. I, Paris, SHF, 1870, pp. 38~39.

32   프랑스 중부의 지방 귀족 출신으로 성직자가 된 미셸 마롤(1600~1681)은 어린 시절을 회고하며 매해 여름이면 자신이 형제들과 함께 밭일을 해야 했다고 이야기한다. 그는 청년이 되어서야 승마와 무기 다루는 법을 아버지에게서 배울 수 있었다.

33   콜레주college는 원래 신학생의 학교 기숙사를 의미한다. 그러나 그 의미가 점차 확대되어 16세기에는 여러 종교교단의 학교 교육사업의 확대와 더불어 중등 교육기관의 의미를 갖게 되었다.

34   서양요리의 식사 코스에서 통상 마지막에 나오는 단맛이 나는 과자나 케이크를 의미하지만, 중세시대에 앙트르메는 식사 중간에 행해지는 공연을 의미했다.

35   그리스와 로마에서 포크가 사용되었지만, 개인용 테이블 포크는 동로마제국에서 발명되어 4세기경 보편화된 것으로 보인다. 10세기경 테이블 포크는 중동 전역에서 보편적으로 사용되었다. 이 포크가 유럽에 전해진 것은 11세기경으로 비잔틴제국이나 중동과 많이 교역했던 이탈리아에 먼저 소개되었다. 14세기에 이탈리아에서 보편화되었는데, 손님은 자기

가 사용할 포크와 스푼이 담긴 카데나^{cadena}를 지참하는 것이 예의가 되었다. 포크를 프랑스 궁정에 도입한 사람은 앙리 2세의 부인 카트린 드 메디치였다. 북유럽에서 포크는 매우 더딘 속도로 전파되었다. 영국에서 포크가 보편적으로 사용된 것은 18세기 이후다.

36 영국 귀족에 대해서는 일본의 영문학자 아라이 메구미(新井潤美)가 쓴 『영국 상류계급의 문화(ノブレス・オブリージュ イギリスの上流階級)』(김정희 옮김, 에이케이커뮤니케이션즈, 2022.)를 참고했다.

37 토지자산을 장자에게 한정하여 상속하는 제도. 장자가 없으면 가장 가까운 남자 친척에게 물려준다. 한사상속된 재산은 매매할 수 없으며 이자나 월세 등의 수익활동만 보장되었다.

38 新井潤美, 『ノブレス・オブリージュ イギリスの上流階級』(白水社); 『영국 상류계급의 문화』, 김정희 옮김, 에이케이커뮤니케이션, 2022, p. 36.

39 新井潤美, 『ノブレス・オブリージュ イギリスの上流階級』(白水社); 『영국 상류계급의 문화』, 김정희 옮김, 에이케이커뮤니케이션, 2022, p. 51.

40 윌리엄 호가스 연작의 존재는 우연히 보게 된 이현아 디자이너님의 블로그(blog.naver.com/eeehyuna/223016415545) 글로 알게 되었다. 책에 실린 내용은 필자가 관련 자료를 새롭게 찾아 주제에 맞게 구성한 것이다. 이현아 디자이너님께 감사의 말을 전한다.

41 Alan Stewart, *The Cradle King: A Life of James VI & I*, Macmillan, 2003, p. 281.

42 David M. Bergeron, "To George Villiers, Duke of Buckingham", *King James and Letters of Homoerotic Desire*, University of Iowa Press, 2022, p. 175.

43 Roger Lockyer, *Buckingham: The Life and Political Career of George Villiers, First Duke of Buckingham 1592-1628*, Routledge, 2014, p. 22.

44 Timothy Murphy, ed., *Reader's Guide to Lesbian and Gay Studies*, Fitzroy Dearborn Publishers, 2013, pp. 314~315.

45 Matthieu Dupas, "La sodomie dans l'affaire Theophile de Viau", *Les Dossiers du Grihl*, 2010. 01.

46 프랑스 부르봉 왕가를 개창한 앙리 4세는 원래 신교도였지만, 종교전쟁 끝에 가톨릭으로 개종하고 왕위에 올랐다.

47 앙리의 모친 안 데스테는 루이 12세의 딸이었으므로 앙리는 루이 12세의 외손자였다.

48 콘수엘로 밴터빌트는 1953년 자서전The glitter and the Gold을 출판했다. 『뉴욕타임스』 미술평론가였던 스튜어트 프레스턴이 대필한 이 자서전은 '우아한 시대를 기리는 묘비명'이라는 평가를 받았다.

49 이혼과 달리 혼인 무효절차는 공식적으로 이혼을 허락하지 않는 로마 가톨릭교회의 고유한 절차였다. 영국 국교회 신자였던 말버러 백작은 이 시기 로마 가톨릭으로 개종하려 했고, 이를 위해 혼인무효 절차를 선택했다. 놀라운 것은 이 무효절차에 대해 콘수엘로의 어머니 앨바가 전폭적인 지지를 보냈다는 사실이다. 실제로 그녀는 이 결혼이 강제에 따른 것이었다고 증언했다. 앨바는 조사관에게 딸에 대해 절대적인 힘을 행사했던 자신이 공작과의 결혼을 강요했다고 자백한 것이다. 훗날 콘수엘로와 앨바는 친밀하면서도 편한 사이가 되었다.

50 위너레타 싱어는 재봉틀을 발명한 아이작 싱어의 자식 24명 중 12번째로 태어났다. 남북전쟁이 발발하면서 싱어 가족은 파리로 이사했다. 부친 사망 후 유산을 물려받은 위너레타는 스물두 살에 결혼한 뒤 첫날밤 자신과 잠자리를 하려는 신랑을 살해하겠다고 위협한 사건으로 유명해졌다. 그녀는 레즈비언이었다. 위너레타는 스물여덟 살에 에드몽 드 폴리냑 공과 재혼했는데, 에드몽은 프랑스의 유명한 귀족 가문 중 하나인 폴리냑 가문의 후손으로 아마추어 작곡가이자 게이였다.

51 고대 로마의 공화정 시기에 최고 정무관으로 행정·군사의 대권을 장악하고 원로원과 합의하여 민회를 소집하는 권한을 가진다. 1년 임기를 마치면 전직 집정관이 되었다.

52 프리드리히 1세로 호엔슈타우펜 가문 최초의 신성로마제국 황제다. 독일 국왕, 이탈리아 국왕, 부르고뉴 국왕도 겸했으며 이전의 프리드리히 1세와 구별하려고 붉은 수염을 뜻하는 '바르바로사'라는 별칭으로 불렸다.

53 L'Histoire, no 194, 1995. 12, p. 28에서 인용.

54 Loys Guyon, *Les Diverses Lecons*, Lyon, 1604, p. 193.

55 물론 쉽게 노블레스에 오를 수 있었던 만큼 빨리 이탈할 수도 있었다. 보스에서는 반세기마다 귀족의 5분의 1이 사라졌다.

56 귀족은 소매업에 종사하면서 가게를 열 수는 없었지만 예를 들어 브르타뉴의 경우 원거리

교역 투자는 허용되었다.

57 1436년 올리비에 드 라 마르슈Olivier de la Marche는 귀족이 되는 다섯 가지 방법을 분류했다. ① 왕실고위관직(대법관, 제독, 원수 등. 그러나 이러한 관직의 소유자는 이미 귀족이다)의 보유, ② '고귀한 인간의 정직한 삶.' 다시 말해 자신의 손으로 일하지 않으면서 자신의 토지에 기반하여 생활하는 농촌 귀족의 삶, ③ 군주에 대한 봉사, 일반적으로 관직 보유자, ④ 군인 경력이다. 귀족서임장을 통한 귀족 되기는 가장 마지막에 언급되었다.

58 프랑스에서 귀족의 수는 16세기부터 18세기 말까지 가장 많아서 전체 인구의 1.5%를 차지했다. 한편, 17세기 말부터 귀족 숫자의 증가세가 약화되는데, 루이 14세는 세수를 늘리려고 귀족 조사사업을 벌여 가짜 귀족을 색출했다. 1650년부터 1789년 사이에 귀족 수는 절반 정도로 줄었다.

59 그는 브르타뉴 공작 조프리 1세의 손자이자 팡티에브르Penthievre 백작의 둘째 아들이다.

60 영국 귀족은 국왕의 특허장으로 만들어지지만, 세습 작위 수여는 지속적으로 감소했다. 1965년 이후 세습 귀족 서임은 7건뿐이며, 그마저도 4명은 왕실 구성원이다. 1963년 귀족법Peerage Act 이후 모든 귀족은 상원에 착석할 자격을 지녔지만, 1999년 상원법은 세습 귀족에 따라 선출된 92명에게만 자격을 허락했다.

61 귀족의 서열에 대해서는 블로거인 '테레지아'님 블로그(blog.naver.com/europeanpalace/222240705543)에서 아이디어를 얻었고, 그 내용도 일부 참고했다.

62 이 서열이 애초부터 중요했던 것은 아니다. 14세기 이전만 해도 프랑스에서 왕은 여러 봉건영주 중 한 사람에 불과했기에 왕의 아들이니 손자니 하는 건 큰 의미가 없었다. 하지만 14세기 발루아 왕조 때부터 왕족의 중요성이 커지면서 왕족Prince du sang이라는 용어가 등장했다. 왕의 일족은 내부적으로 촌수와 적서 여부에 따라 다시 구분되었다. 먼저 왕가Royal family는 왕과 왕후를 비롯해 왕태자Dauphin, 프랑스 왕자Fils de France, 프랑스 왕녀Fille de France, 왕의 적손인 프랑스 왕손Petit fils de France과 프랑스 왕손녀Petit fille de France로 구성되었다. 방계 왕족Prince du sang은 왕가에 속하지 않는 나머지 왕족을 가리킨다. 원칙적으로 적통의 자손만 해당하며 서출 왕족은 포함될 수 없었다. 예외적으로 루이 14세 때 칙령을 내려 왕의 서자를 방계왕족으로 삼고Prince legitime 적통 다음으로 왕위계승권을 부여했지만, 이 칙령은 루이 14세가 사망하고 취소되어 무효화했다. 촌수가 더 멀어도 적자에서 적자로 이어진 방계왕족은 왕위계승권을 가졌지만 서출 왕족은 계승권이 없었다.

63 Florentin Le Thierriat, *Trois traictez scavoir: 1. De la noblesse de race, 2. De la nobless civille, 3. Des immunitez des ignobles,* Paris, Lucas Bruneau, 1606, p. 254.

64 몽테뉴, 『수상록』 III, 5.

65 Bibl. Nat. ms. fr. 18837, fol. 16. 이 책은 프란체스코회의 수사인 장 다비Jean-Davy가 샤를 로렌 공작에게 헌사한 로렌 가문의 족보다.

66 Georges d'Avenel, *La Noblesse francaise sous Richelieu,* p. 92. 같은 내용이 Bibl. Nat. ms. fr. 20229, Recueil genealogiques…, Harcourt, Levis-Ventadour, etc. 에도 등장한다.

67 아리마테아의 요셉Joseph of Arimathea은 이른바 예수의 성배를 받아 영국으로 건너온 인물로 알려져 있다.

68 Les Estats, esquels il est discouru du Prince, du Noble et du tiers Eftat, conformement a nostre temps, 1596.

69 Jean-Marie Constant, *La vie quotidienne de la noblesse française aux XVIe-XVIIe siècles,* Paris, 1985, pp. 167~168.

70 이탈리아 역사상 가장 많이 팔린 소설의 하나이며 현대 이탈리아 문학에서 가장 중요한 책의 하나로 간주된다. 역사소설이지만 주제는 사건이 아닌 인간의 내면적 불안이다.

71 장 르누아르는 인상파 화가 오귀스트 르누아르의 아들이다. 독일 나치당의 최고 선전가였던 요제프 괴벨스는 이 영화를 몹시 싫어했는데, '영화판의 공공의 적 1호'라고 평가했다.

21쪽   Pierre Mignard I(1612-1695)|Public Domain|Wikimedia Commons|fr.wikipedia.org/wiki/
Louise_Ren%C3%A9e_de_Penanco%C3%ABt_de_Keroual#/media/Fichier:Mignard,_
Louise_de_K%C3%A9rouaille.jpg

22쪽   Joshua Reynolds(1723-1792)|Public Domain|Wikimedia Commons|commons.wikimedia.
org/wiki/File:Lady_Elizabeth_Russell_%28Keppel%29_%281739-1768.jpg_%281761_door_
Joshua_Reynolds%29.jpg

35쪽   Fortuné Méaulle(1844-1916)|Public Domain|Wikimedia Commons|commons.wikimedia.
org/wiki/File:Le_duel_D%C3%A9roul%C3%A8de-Clemenceau_1893_-_Le_Petit_Journal.
jpg

46쪽   Elizabeth Thompson(1846-1932)|Public Domain|Wikimedia Commons|commons.
wikimedia.org/wiki/File:Thompson_laingsnek.jpg

58쪽   작자 미상|Public Domain|Wikimedia Commons|commons.wikimedia.org/wiki/File:1870-

London-season-cartoon.gif

60쪽 Bettman|Getty Images|〈Robb Report〉|robbreport.com/lifestyle/sports-leisure/the-membership-you-werent-allowed-to-talk-about-is-now-open-to-new-recruits-2771295/

62쪽 작자 미상|Public Domain|Wikimedia Commons|commons.wikimedia.org/wiki/File:Anna_Maria,_Marchioness_of_Tavistock.jpg

63쪽 David Comba Adamson(1859-1926)|Public Domain|Dundee Art Galleries and Museums Collection(Dundee City Council)|artuk.org/discover/artworks/five-oclock-tea-92124

71쪽 Carlo Maratta(1625-1713)|Public Domain|Wikimedia Commons|commons.wikimedia.org/wiki/File:Lord_Sunderland.jpg

72쪽 Jean Preudhomme(1732-1795)|Public Domain|Wikimedia Commons|commons.wikimedia.org/wiki/File:Jean_Preudhomme.jpg

73쪽 Catherine Read(1723-1778)|Public Domain|Yale Center for British Art|Wikimedia Commons|commons.wikimedia.org/wiki/File:Katharine_Read_-_British_Gentlemen_in_Rome_-_Google_Art_Project.jpg

79쪽 Samuel Hieronymus Grimm(1733-1794)|Public Domain|British Museum|Wikimedia Commons|commons.wikimedia.org/wiki/File:Welladay!_is_this_my_son_Tom!_(BM_1935,0522.1.38).jpg

90쪽 © MOSSOT|Wikimedia Commons|CC BY-SA 3.0|commons.wikimedia.org/wiki/File:Saint-Front-sur-L%C3%A9mance_-_Ch%C3%A2teau_de_Bonaguil_-_Vue_d%27ensemble.jpg

94쪽 © C DIMEY 5252|Wikimedia Commons|CC BY 4.0|commons.wikimedia.org/wiki/File:Le_Pailly_(52_)_le_Ch%C3%A2teau_du_Pailly.jpg

95쪽 © NathalieS|Wikimedia Commons|CC BY 4.0|commons.wikimedia.org/wiki/File:Le_Pailly_(52_)_le_Ch%C3%A2teau_du_Pailly.jpg

98쪽 heraldry.ca/images/her-ach.jpg

99쪽 © Immagini dell'Archivio Istituzione Giostra del Saracino del Comune di Arezz|Wikimedia Commons|CC BY-SA 3.0|commons.wikimedia.org/wiki/File:Cavalieredicasata.JPG

100쪽 heraldica.org/topics/france/jeannedarc.htm

101쪽 4.bp.blogspot.com/-xlUmlrcJW1Y/UpkQsi7DE9I/AAAAAAAALRc/vuIT_2ib1dU/s1600/bourbon.png

org/wiki/File:Marriage_A-la-Mode_3,_The_Inspection_-_William_Hogarth.jpg

167쪽 William Hogarth(1697-1764)|Public Domain|Wikimedia Commons|commons.wikimedia. org/wiki/File:Marriage_A-la-Mode_4,_The_Toilette_-_William_Hogarth.jpg

169쪽 William Hogarth(1697-1764)|Public Domain|Wikimedia Commons|commons.wikimedia. org/wiki/File:Marriage_A-la-Mode_5,_The_Bagnio_-_William_Hogarth.jpg

171쪽 William Hogarth(1697-1764)|Public Domain|Wikimedia Commons|commons.wikimedia. org/wiki/File:Marriage_A-la-Mode_6,_The_Lady%27s_Death_-_William_Hogarth.jpg

176쪽 Peter Paul Rubens(1577-1640)|Public Domain|Wikimedia Commons|commons.wikimedia. org/wiki/File:Portrait_of_George_Villiers,_1st_Duke_of_Buckingham_(by_Peter_Paul_ Rubens).jpg

187쪽 Paul Delaroche(1797-1856)|Public Domain|Wikimedia Commons|commons.wikimedia. org/wiki/File:Paul_Delaroche_-_L%27assassinat_du_Duc_de_Guise,_1834.jpg

188쪽 © MostEpic|Wikimedia Commons|CC BY-SA 4.0|commons.wikimedia.org/wiki/ File:Arms_of_Claude_de_Lorraine_(2).svg

189쪽 Jean Clouet(1480-1541)|Public Domain|Wikimedia Commons|commons.wikimedia.org/ wiki/File:Jean_Clouet_-_Portrait_of_Claude_of_Lorraine,_Duke_of_Guise_-_WGA5083. jpg

191쪽 François Clouet(1510-1572)|Public Domain|Wikimedia Commons|commons.wikimedia. org/wiki/File:(francois_clouet_et_son_atelier_portrait_de_francois_de_lorraine_duc_da062923)_(cropped). jpg

193쪽 Frans Hogenberg(1535~1590)|Public Domain|Wikimedia Commons|commons.wikimedia. org/wiki/File:Massacre_de_Vassy_1562_print_by_Hogenberg_end_of_16th_century.jpg

197쪽 © Morburre|Wikimedia Commons|CC BY-SA 3.0|commons.wikimedia.org/wiki/File:Eu-ChapCollegeJesuites-TombeauDeGuise.jpg

200쪽 Pedro Berruguete(1450-1504)|Public Domain|Wikimedia Commons|commons.wikimedia. org/wiki/File:Portrait_of_Pope_Alexander_VI_Borgia_(Vatican_Museums_-_Musei_Vaticani,_ Vatican).jpg

205쪽 작자 미상|Public Domain|Wikimedia Commons|commons.wikimedia.org/wiki/ File:Alexander_VI_caricature.gif

206쪽 Dosso Dossi(1479?-1542)|Public Domain|Wikimedia Commons|commons.wikimedia.org/

wiki/File:Dosso_DOSSI_,_Battista_DOSSI_(attributed_to)_-_Lucrezia_Borgia,_Duchess_of_
Ferrara_-_Google_Art_Project.jpg

209쪽 © Marco Ansaloni|PBA|storicang.it/a/lucrezia-borgia-duchessa-di-ferrara_15314

214쪽 © Lafayette L2115a|Public Domain|V&A|Wikimedia Commons|commons.wikimedia.
org/wiki/File:Consuelo_Vanderbilt90.jpg

220쪽 작자 미상|Public Domain|Wikimedia Commons|commons.wikimedia.org/wiki/
File:Consuelo_Vanderbilt_mit_Winston_Churchill.jpg

226쪽 Joseph Kremer(?-?)|Public Domain|Wikimedia Commons|commons.wikimedia.org/wiki/
File:Exiled_Gaius_Marius_sitting_among_the_ruins_of_Carthage_by_Joseph_Kremer.jpg

231쪽 Limbourg brothers(Herman[1385?-1416], Jean[1385?-1415], Paul[1385?-1416])|Public
Domain|Wikimedia Commons|commons.wikimedia.org/wiki/File:Les_Très_Riches_
Heures_du_duc_de_Berry_-_Janvier.jpg

233쪽 Jacques Lagniet(1600?-1675)|Public Domain|Bibliothèque nationale de France|gallica.bnf.
fr/ark:/12148/btv1b84044866#

241쪽 Public Domain|Archives départementales de Meurthe-et-Moselle|archives.meurthe-et-
moselle.fr/découvrir-nos-richesses/trésor-darchives/lettres-de-noblesse-données-par-le-
roi-stanislas-le-13

243쪽 Public Domain|Photo by Myrabella|Wikimedia Commons|commons.wikimedia.org/
wiki/File:Bayeux_Tapestry_scene44_William_Odo_Robert.jpg

247쪽 작자 미상|Public Domain|Wikimedia Commons|commons.wikimedia.org/wiki/
File:HenriIIdeBourbon-Conde.jpg

251쪽 © Eutouring|Wikimedia Commons|CC BY-SA 4.0|commons.wikimedia.org/wiki/
File:Mathieu_Mole_statue.JPG

256쪽 Henri Chatelain(1684-1743)|Public Domain|Wikimedia Commons||commons.wikimedia.
org/wiki/File:Atlas_historique,_by_Chatelain_Henri_(13272248).jpg

257쪽 Public Domain|Archives départementales de l'Allier|archives.allier.fr/informations-
pratiques/aide-a-la-recherche/faire-sa-genealogie

262쪽 Antonio Missaglia(1416?-1495?)|Public Domain|Photo by The Walters Art Museum|CC BY-
SA 3.0|commons.wikimedia.org/wiki/File:Italian_-_Sallet_-_Walters_51580.jpg

267쪽 작자 미상|Public Domain|Wikimedia Commons|commons.wikimedia.org/wiki/
File:Kaiser_Max_knighting_Frenchman.jpg

269쪽   Jean Nocret(1615-1672)|Public Domain|Wikimedia Commons|commons.wikimedia.org/
        wiki/File:François_de_Bourbon_Duke_of_Beaufort_by_Jean_Nocret_(Baltimore_Museum_of_
        Art).jpg

273쪽   © Titanus, Société Nouvelle Pathé Cinéma, Société Générale de Cinématographie(S.
        G.C.)|Wikipedia|it.wikipedia.org/wiki/File:Fotogramma_ballo_Il_Gattopardo.png

277쪽   © World Pictures|Public Domain|Wikimedia Commons|commons.wikimedia.org/wiki/
        File:Grand-Illusion-1937.jpg

주경철 (서울대학교 서양사학과 교수)

유럽의 귀족은 어떤 존재인가? 중요하면서도 흥미로운 물음이지만 쉽게 답하지 못한다. 오히려 막연하게 상상하든지 단편적 정보를 가지고 왜곡된 이미지를 그리기 십상이다. 임승휘 교수의 이 책은 역사의 큰 흐름을 조망하는 넓은 시각과 세밀한 분석 능력, 그리고 방대한 정보를 통해 귀족 집단을 생생하게 해석해낸 모범 사례다.

귀족은 한편으로 자유분방하고 럭셔리하다 못해 때로 사치와 방탕으로 흐르기도 하고, 다른 한편으로 호방하고 세련된 엘리트의 삶을 추구하며 그에 걸맞은 노블레스 오블리주의 의무를 자임하기도 한다. 이 책은 지난 시대 역사의 중추 집단이었던 귀족의 다채로운 측면을 실로 흥미진진하게 보여준다. 소설처럼 쉽고 재미있는 이 책을 통해 독자들은 유럽 역사에 대한 새로운 통찰을 얻을 수 있다.

윤논호 (작가, SBS 기자)

책은 사람을 닮는다. '귀족'에 대해 말하는 이 책은 영락없이 임승휘 교수를 닮았다. 저자를 생각할 때마다 떠오르는 말이 '儉而不陋(검이불루) 華而不侈(화이불치)'라는 말이다. 검소하나 누추하지 않고, 화려하나 사치스럽지 않다. 생각하는 바가 그러하고 살아가는 자세가 그러하고 외양 역시 그러한 사람이다.

이 책은 그런 저자에게 딱 어울리는 책이다. 익숙하지만 낯선 '귀족'의 역사와 그들의 문화를 과장과 가감 없이 전달한다. 때문에 책을 읽는 동안 살아 숨 쉬는 실제 역사의 한 공간에 서 있는 기분이다. 이제 남은 것은 좋은 독자를 만나는 일이겠는데, 눈 밝은 독자라면 이 책을 놓치지 않을 것이다.

귀족 시대

1판 1쇄 인쇄 2024년 11월 26일
1판 1쇄 발행 2024년 12월 13일

지은이   임승휘

발행인   황민호
본부장   박정훈
책임편집   신주식
기획편집   최경민 윤혜림 이예린
마케팅   조안나 이유진
국제판권   이주은
제작   최택순 성시원

발행처   대원씨아이(주)
주소   서울특별시 용산구 한강대로 15길 9-12
전화   (02)2071-2095
팩스   (02)749-2105
등록   제3-563호
등록일자   1992년 5월 11일

www.dwci.co.kr

ISBN   979-11-423-0208-4 03900